Verena S. Rottm

Rechtsratgeber für Hundezüchter

Die wichtigsten Rechtsvorschriften für die Züchterpraxis

KYNOS VERLAG

Konrad-Zuse-Straße 3
D-54552 Nerdlen/Daun
www.kynos-verlag.de

Gedruckt in Lettland

ISBN 978-3-938071-74-8

Inhaltsverzeichnis

Einleitung: Der Hundezüchter im Recht

Ein erfolgreicher Hundezüchter muss nicht nur die Genetik der Hundezucht beherrschen und entsprechend der Vorgaben seines Zuchtverbandes zum Wohle seiner Rasse züchten, sondern er hat ebenso zahlreiche rechtliche Vorschriften zu beachten. Nur so kann er seinen Welpenkäufern den höchsten Qualitätsstandard bieten und sich vor behördlichen Eingriffen schützen.

Zu den wichtigsten Rechtsvorschriften, die jeder Hundezüchter kennen und einhalten sollte, gehören zweifelsohne die hundespezifischen Tierschutzregelungen sowie die für die Ausübung der Hundezucht geltenden Verwaltungsvorschriften. So gibt es beispielsweise in der Praxis häufig Streit über den Umfang der Hundezucht in reinen Wohngebieten oder unter welchen Voraussetzungen ein Hundezüchter eine Zuchterlaubnis gemäß § 11 Tierschutzgesetz beantragen muss und damit zum gewerbsmäßigen Züchter wird.

Aber auch die Vorschriften des Bürgerlichen Gesetzbuchs über das Kaufrecht und die Mängelhaftung sind – vor allem zur Vermeidung späterer Mängelansprüche von Welpenkäufern – außerordentlich wichtig. In diesem Zusammenhang kommt der Vertragsgestaltung bei dem Verkauf von Zuchthunden besondere Bedeutung zu. Hier können aus reiner Unwissenheit oftmals gravierende Fehler gemacht werden, die schwerwiegende finanzielle Einbußen, aber auch rufschädigende Folgen für einen Hundezüchter haben können. Dies gilt insbesondere, wenn ein Hundezüchter wegen angeblicher Zuchtfehler gerichtlich belangt wird oder gar öffentlich (z. B. in Internet-Foren) kritisiert wird.

Deshalb sollte sich jeder verantwortungsvolle Hundzüchter rechtzeitig über die für ihn geltenden Rechtsvorschriften informieren und sich entsprechend seiner Zuchtausübung rechtlich hinreichend absichern (z. B. durch individuell angepasste Kaufverträge).

Dieser Ratgeber klärt Hundezüchter über die aktuelle Rechtslage in Gesetzgebung und Rechtsprechung auf und hilft ihnen, sich gesetzeskonform zu verhalten, um Probleme mit Behörden und Welpenkäufer von vornherein zu vermeiden. Zusätzlich enthält dieser Ratgeber wichtige Tipps für die korrekte Gestaltung von Hundekaufverträgen, einschließlich eines einfachen Mustervertrages für Hobbyzüchter. Bei speziellen Fragen im Einzelfall sollte allerdings stets eine eingehende Rechtsberatung wahrgenommen werden. Deshalb kann bei einer Befolgung der hier erteilten Tipps und Ratschläge auch keinerlei Haftung übernommen werden.

Rechtsanwältin
Verena S. Rottmann

Kontakt zur Autorin:
Rechtsanwältin
Verena S. Rottmann
Funk: 01 71 – 7 10 73 13
E-Mail: RAin.Rottmann@t-online.de
Internet: www.hunderecht-pferderecht.de

Die Autorin steht grundsätzlich auch als Referentin für Informationsveranstaltungen und Züchterseminare zur Verfügung. Terminabsprachen können direkt mit der Autorin telefonisch oder per E-Mail getroffen werden.

1. Hobbyzucht und gewerbsmäßige Hundezucht

Die Frage, ob ein Hundezüchter seine Zucht lediglich als Hobby oder aber gewerbsmäßig betreibt, ist in vielerlei Hinsicht von Bedeutung. Hiervon hängt es insbesondere ab, ob ein Hundezüchter eine Zuchterlaubnis nach § 11 Tierschutzgesetz (vgl. Kapitel 2) beantragen muss sowie welche Haftungsausschlüsse in Hundekaufverträgen vereinbart werden dürfen (vgl. Kapitel 12).

Unter welchen Voraussetzungen von einer Hobby- beziehungsweise gewerbsmäßigen Hundezucht ausgegangen werden kann, ist weder gesetzlich noch durch die Rechtsprechung allgemeingültig geregelt. Es handelt sich insofern um auslegungsbedürftige Rechtsbegriffe. Dies kann eine Zuordnung im Einzelfall problematisch machen.

Unter einer Hobbyzucht kann eine Hundezucht verstanden werden, die eher sporadisch als reine Liebhaberei ausgeübt wird und in erster Linie der Erhaltung der eigenen Zuchtlinie beziehungsweise Nachzucht dient. Auf keinen Fall darf eine Gewinnerzielungsabsicht ersichtlich sein. Gegen eine Hobbyzucht sprechen nach der Rechtsprechung beispielsweise ein wechselnd großer Hundebestand sowie zahlreiche Verkaufsanzeigen. Die Vorteile einer Hobbyzucht bestehen insbesondere darin, dass sie keinen regelmäßigen Kontrollen durch das Veterinäramt und in der Regel auch keiner Steuerpflicht unterliegen.

Gemäß § 11 Absatz 1 Satz 1 Tierschutzgesetz (TSchG) bedarf derjenige, der gewerbsmäßig Wirbeltiere züchten will, einer Erlaubnis der zuständigen Behörde. Dies ist in der Regel das örtlich zuständige Veterinäramt. Als Auslegungshilfe für die Einordnung als gewerbsmäßiger Züchter dient der Behörde die Allgemeine Verwaltungsvorschrift zur Durchführung des Tierschutzgesetzes vom 9. Februar 2000. Nach Nummer

12.2.1.5 dieser Verwaltungsvorschrift handelt gewerbsmäßig, wer die genannten Tätigkeiten selbstständig, planmäßig, fortgesetzt und mit der Absicht der Gewinnerzielung ausübt. Diese Definition ist gleichbedeutend mit der des Begriffs des gewerblichen Handelns im Sinne des Gewerberechts, allerdings nicht mit dem des Unternehmers im Sinne des § 14 Bürgerliches Gesetzbuch (BGB), der im Kaufrecht eine Rolle spielt (vgl. Seite 51). Ob durch die Zucht tatsächlich ein Gewinn erzielt wird, ist dabei völlig unerheblich. Nach der Rechtsprechung reicht hierfür eine entsprechende Absicht aus. So hat beispielsweise das Landgericht Darmstadt eine gewerbsmäßige Hundezucht in einem Fall angenommen, in dem jährlich durchschnittlich 13 Hunde aufgezogen und verkauft sowie mehrere Zuchthunde gleichzeitig gehalten wurden, um dies zu ermöglichen (Aktenzeichen: 2 O 163/99).

Letztendlich handelt es sich bei der Beurteilung, ob eine gewerbsmäßige Hundezucht vorliegt, stets um eine Einzelfallentscheidung. Die zuvor genannte Allgemeine Verwaltungsvorschrift soll der Behörde lediglich als Auslegungshilfe dienen. Gemäß Nummer 12.2.1.5.1 dieser Verwaltungsvorschrift sind die Voraussetzungen für ein gewerbsmäßiges Züchten in der Regel erfüllt, wenn eine Haltungseinheit drei oder mehr fortpflanzungsfähige Hündinnen umfasst beziehungsweise drei oder mehr Würfe pro Jahr erreicht. Als Haftungseinheit gelten dabei sämtliche Tiere eines Halters, auch wenn diese in unterschiedlichen Einrichtungen gehalten werden. Gleiches gilt für die Haltung von Tieren mehrerer Halter, sofern die Räumlichkeiten, Ausläufe und Ähnliches gemeinsam genutzt werden. In der Praxis fällt auf, dass sowohl bei den zuständigen Veterinärämtern als auch bei den Gerichten zum Teil erheblich von dem Inhalt dieser Verwaltungsvorschrift abgewichen wird. So heißt es beispielsweise in dem Hinweisblatt des Landkreises Leer zum Erlaubnisverfahren zu § 11 TSchG, dass die Voraussetzungen für gewerbsmäßiges Züchten erfüllt seien, wenn mehr als drei Zuchthündinnen gehalten werden. In gleicher Weise hat das Verwaltungsgericht Stuttgart eine Erlaubnispflicht des Züchters begründet, weil er mehr als drei Zuchthündinnen gehalten habe (Aktenzeichen: 4 K 5551/98).

In verwaltungsrechtlichen Verfahren für betroffene Züchter tritt regelmäßig zutage, dass den Beamten der zuständigen Veterinärämter der Unterschied zwischen einer lediglich »fortpflanzungsfähigen Hündin« und einer »Zuchthündin« noch nicht einmal bewusst ist. Erst wenn deutlich gemacht wird, dass ein Verbandszüchter nicht mit jeder fortpflanzungsfähigen Hündin, sondern nur mit einer nach der Zuordnung seines Verbandes zur Zucht zugelassenen Hündin züchten darf, kann es – bei entsprechender Einsichtsfähigkeit des zuständigen Beamten – gelingen, einer vermeintlichen Erlaubnispflicht zu entgehen. In einem Fall wurde dieses Problem sogar mit dem zuständigen Fachministerium erörtert, was im Endeffekt dem betroffenen Hundezüchter die Erlaubnis nach § 11 TSchG ersparte.

Verwaltungsvorschriften sind aber auch aus rechtlichen, speziell verfassungsrechtlichen Gründen oftmals kritisch zu beurteilen. Obwohl nur für den behördeninternen Gebrauch bestimmt, können Verwaltungsvorschriften, die eine Rechtsnorm (wie § 11 Abs. 1 S. 1 TSchG) konkretisieren, eine unmittelbare Außenwirkung auf die betroffenen Bürger (hier die Hundezüchter) ausüben, weil die Behörden die Verwaltungsvorschriften im Wege ihrer Entscheidung als »Außenrecht« umsetzen. Werden jedoch Verwaltungsvorschriften, die lediglich von übergeordneten Behörden als Innenrecht der Verwaltung erlassen wurden, wie Gesetzesrecht mit Außenwirkung angewendet, dann ist hierin ein schwerwiegender Verfassungsverstoß zu erblicken, weil die Verwaltungsvorschrift nicht von der für die Gesetzgebung zuständigen Instanz (dem Parlament) stammt. Dieser Gesichtspunkt sollte bei rechtlichen Auseinandersetzungen um eine vermeintliche Erlaubnispflicht gemäß § 11 Abs. 1. S. 1 TSchG nicht vernachlässigt werden.

2. Die Zuchterlaubnis nach § 11 Absatz 1 Satz 1 Tierschutzgesetz

Wer gewerbsmäßig Hunde züchten möchte, muss die Erlaubnis hierfür bei dem zuständigen Veterinäramt beantragen. Anderenfalls kann das Veterinäramt die Hundezucht verbieten. Antragsformulare für eine Erlaubnis gemäß § 11 Abs. 1 S. 1 TSchG können in der Regel über die Websites der zuständigen Ämter im Internet heruntergeladen beziehungsweise ausgedruckt werden. Mit der Zuchtausübung darf dann erst nach Erteilung der Erlaubnis begonnen werden.

In dem Antrag auf Erlaubniserteilung sind die Art der betroffenen Tiere sowie die für die Tätigkeit verantwortlichen Personen anzugeben. Außerdem sind die Räume und Einrichtungen zu beschreiben, die für die Ausübung bestimmt sind. Zusätzlich sind dem Antrag Nachweise über die Sachkunde und die Zuverlässigkeit des Züchters und der gegebenenfalls weiteren betreuenden Personen beizufügen.

Die zuständige Behörde kann die erforderlichen fachlichen Kenntnisse und Fähigkeiten des Züchters auch unter Beteiligung eines Amtsveterinärs im Rahmen eines Fachgesprächs prüfen. Hierbei hat der Züchter ausreichende Kenntnisse über die Biologie der Hunde, die Aufzucht, Haltung, Fütterung und allgemeine Hygiene sowie die wichtigsten tierschutzrechtlichen Bestimmungen nachzuweisen.

Die erforderliche Zuverlässigkeit des Züchters wird insbesondere unter Berücksichtigung etwaiger Straf- und Bußgeldverfahren geprüft. Hierfür kann der Antragsteller aufgefordert werden, ein Führungszeugnis zur Vorlage bei der Behörde zu beantragen. Ausnahmen sind möglich, sofern der Züchter der Behörde persönlich bekannt ist und keine Tatsachen vorliegen, die zu Zweifeln an seiner Zuverlässigkeit im Hinblick auf den Tierschutz Anlass geben.

In der Erlaubnis wird die Höchstzahl der Tiere festgelegt, mit denen gezüchtet werden darf. Unter Umständen kann die Erlaubnis auch mit Auflagen versehen werden, so zum Beispiel die Tiere zu kennzeichnen, der Behörde rechtzeitig alle wesentlichen Änderungen mitzuteilen oder ein Tierbestandsbuch zu führen.

Verstöße gegen die Erlaubnispflicht können als Ordnungswidrigkeit verfolgt und mit einer Geldbuße bis zu 25.000 Euro belegt werden.

3. Die Haltung von Zuchthunden nach der Tierschutz-Hundeverordnung

Die Tierschutz-Hundeverordnung vom 02.05.2001 (zuletzt geändert am 19.04.2006) gilt für das Halten und Züchten von Hunden. Zu den allgemeinen Anforderungen an die Hundehaltung gehören gemäß § 2 TierSchHuV:

- ein ausreichender Auslauf des Hundes im Freien außerhalb seines Zwingers;
- der ausreichende Kontakt des Hundes mit seiner Betreuungsperson;
- eine Gruppenhaltung, sofern dem nicht das Verhalten oder der Gesundheitszustand eines Hundes entgegenstehen;
- bei einzeln gehaltenen Hunden der täglich mehrmalige und länger dauernde Umgang mit seiner Betreuungsperson;
- die Trennung eines Welpen vom Muttertier nicht vor der achten Woche.

Gemäß § 3 TierSchHuV muss ein gewerbsmäßiger Hundezüchter sicherstellen, dass für jeweils bis zu zehn Zuchthunde und ihre Welpen eine Betreuungsperson zur Verfügung steht, die die dafür notwendigen Kenntnisse und Fähigkeiten gegenüber der zuständigen Behörde nachgewiesen hat.

Zu den Anforderungen an das Halten von Hunden im Freien gemäß § 4 TierSchHuV gehören:

- eine Schutzhütte aus wärmedämmendem und gesundheitsunschädlichem Material, die so hergestellt und beschaffen ist, dass der Hund sich daran nicht verletzen und trocken liegen kann;

- die Schutzhütte muss so bemessen sein, dass der Hund sich darin verhaltensgerecht bewegen und hinlegen sowie den Innenraum mit seiner Körperwärme warm halten kann, sofern die Schutzhütte nicht beheizbar ist;
- außerhalb der Schutzhütte ist für einen witterungsgeschützten, schattigen Liegeplatz mit wärmegedämmten Boden zu sorgen.

Werden Hunde in Räumen gehalten, so gelten gemäß § 5 TierSchHuV die folgenden Anforderungen:

- Hunde dürfen nur in Räumen gehalten werden, bei denen der Einfall von natürlichem Tageslicht sichergestellt ist;
- bei Räumen, die nach ihrer Zweckbestimmung nicht dem Aufenthalt von Menschen dienen, muss die Fläche der Öffnungen für das Tageslicht grundsätzlich mindestens ein Achtel der Bodenfläche betragen; dies gilt jedoch nicht, wenn dem Hund ständig ein Auslauf ins Freie zur Verfügung steht;
- bei geringerem Tageslichteinfall sind die Räume entsprechend dem natürlichen Tag-Nacht-Rhythmus zusätzlich zu beleuchten;
- in den Räumen muss eine ausreichende Frischluftversorgung sichergestellt sein;
- in Räumen, die nach ihrer Zweckbestimmung nicht dem Aufenthalt von Menschen dienen, darf ein Hund nur gehalten werden, wenn die benutzbare Bodenfläche bei einer Widerristhöhe des Hundes bis zu 50 cm mindestens sechs Quadratmeter, bei einer Widerristhöhe über 50 bis 65 cm mindestens acht Quadratmeter und bei einer Widerristhöhe über 65 cm mindestens 10 Quadratmeter beträgt;
- in nicht beheizbaren Räumen darf ein Hund nur gehalten werden, wenn dieser mit einer Schutzhütte nach § 4 Absatz 2 TierSchHuV oder einem trockenen Liegeplatz, der ausreichend Schutz vor Luftzug und Kälte bietet, ausgestattet ist und außerhalb der Schutzhütte ein wärmegedämmter Liegebereich zur Verfügung steht.

Ein Hund darf gemäß § 6 TierSchHuV nur im Zwinger gehalten werden, wenn die folgenden Anforderungen erfüllt sind:

- dem Hund müssen bei einer Widerristhöhe bis zu 50 cm mindestens sechs Quadratmeter, bei einer Widerristhöhe über 50 bis 65 cm mindestens acht Quadratmeter und bei einer Widerristhöhe über 65 cm mindestens zehn Quadratmeter uneingeschränkt benutzbare Bodenfläche zur Verfügung stehen;
- dabei muss die Länge jeder Seite des Zwingers mindestens der doppelten Körperlänge des Hundes entsprechen und keine Seite darf kürzer als zwei Meter sein;
- für jeden weiteren im gleichen Zwinger gehaltenen Hund sowie für jede Hündin mit Welpen muss zusätzlich die Hälfte der für einen Hund mit der entsprechenden Widerristhöhe vorgeschriebenen Bodenfläche zur Verfügung stehen;
- die Einfriedung des Zwingers muss so hoch sein, dass der aufgerichtete Hund mit den Vorderpfoten die obere Begrenzung nicht erreicht;
- für Hunde, die regelmäßig an mindestens fünf Tagen in der Woche den überwiegenden Teil des Tages außerhalb des Zwingers verbringen, muss die uneingeschränkt benutzbare Zwingerfläche mindestens sechs Quadratmeter betragen;
- die Einfriedung des Zwingers muss aus gesundheitsunschädlichem Material bestehen und so beschaffen sein, dass der Hund sie nicht überwinden und sich nicht daran verletzen kann;
- der Boden muss trittsicher und so beschaffen sein, dass er keine Verletzungen oder Schmerzen verursacht und leicht sauber und trocken zu halten ist;
- Trennvorrichtungen müssen so beschaffen sein, dass sich die Hunde nicht gegenseitig beißen können;
- mindestens eine Seite des Zwingers muss dem Hund freie Sicht nach außen ermöglichen;
- befindet sich der Zwinger in einem Gebäude, muss für den Hund der freie Blick aus dem Gebäude heraus gewährleistet sein;
- in einem Zwinger dürfen bis zu einer Höhe, die der aufgerichtete Hund mit den Vorderpfoten erreichen kann, keine Strom führenden

Vorrichtungen, mit denen der Hund in Berührung kommen kann, oder Vorrichtungen, die elektrische Impulse aussenden, vorhanden sein;
- werden mehrere Hunde auf einem Grundstück einzeln im Zwinger gehalten, so sollen die Zwinger so angeordnet sein, dass die Hunde Sichtkontakt zueinander haben;
- Hunde dürfen in einem Zwinger nicht angebunden gehalten werden.

Für die Fütterung und Pflege der Hunde gelten gemäß § 8 TierSchHuV folgende Anforderungen:

- dem Hund muss in seinem gewöhnlichen Aufenthaltsbereich jederzeit Wasser in ausreichender Menge und Qualität zur Verfügung stehen;
- der Hund ist mit artgemäßem Futter in ausreichender Menge und Qualität zu versorgen;
- die Betreuungsperson hat den Hund unter Berücksichtigung des der Rasse entsprechenden Bedarfs regelmäßig zu pflegen und für seine Gesundheit Sorge zu tragen;
- die Unterbringung ist mindestens einmal täglich zu überprüfen und Mängel sind unverzüglich abzustellen;
- der Aufenthaltsbereich des Hundes ist sauber und ungezieferfrei zu halten;
- Kot ist täglich zu entfernen.

Verstöße gegen die Tierschutz-Hundeverordnung können als Ordnungswidrigkeiten verfolgt und mit Bußgeldern geahndet werden. Nach § 12 TSchHuV handelt ordnungswidrig im Sinne des § 18 Absatz 1 Nr. 3a) des Tierschutzgesetzes, wer vorsätzlich oder fahrlässig gegen die folgenden Bestimmungen der Tierschutz-Hundeverordnung verstößt:

- einen Welpen, der noch nicht über acht Wochen alt ist, vom Muttertier trennt;

- nicht sicherstellt, dass für jeweils bis zu zehn Zuchthunde und ihre Welpen eine Betreuungsperson zur Verfügung steht, die die dafür notwendigen Kenntnisse und Fähigkeiten gegenüber der zuständigen Behörde nachgewiesen hat;
- nicht dafür sorgt, dass dem Hund eine Schutzhütte aus wärmedämmendem und gesundheitsunschädlichem Material sowie ein witterungsgeschützter, schattiger Liegeplatz mit wärmegedämmtem Boden zur Verfügung steht;
- einen Hund hält, ohne die Anforderungen an das Halten von Hunden in Räumen, in Zwingern oder bei Anbindehaltung zu erfüllen;
- einen Mangel bei der Fütterung und Pflege im Sinne der Tierschutz-Hundeverordnung nicht oder nicht rechtzeitig abstellt.

Diese Ordnungswidrigkeiten können mit einer Geldbuße bis zu 25.000 Euro geahndet werden.

Eine weitere für Züchter wichtige Vorschrift enthält die Tierschutz-Hundeverordnung vom 02.05.2001 in § 10. Danach ist es verboten, Hunde, bei denen Körperteile, insbesondere Ohren oder Rute, zum Erreichen bestimmter Rassemerkmale vollständig oder teilweise amputiert wurden, auszustellen oder Ausstellungen mit solchen Hunden zu veranstalten. Ein Zuwiderhandeln gegen diese Bestimmung stellt eine Ordnungswidrigkeit im Sinne des § 18 Absatz 1 Nr. 3b) dar, die mit einem Bußgeld bis zu 5.000 Euro geahndet werden kann.

4. Gesetzliche Zuchtverbote

Gemäß § 11b Abs. 1 Tierschutzgesetz (TSchG) ist es verboten, Wirbeltiere zu züchten, wenn damit gerechnet werden muss, dass bei der Nachzucht selbst oder bei deren Nachkommen erblich bedingt Körperteile oder Organe für den artgemäßen Gebrauch fehlen beziehungsweise untauglich oder umgestaltet sind und hierdurch Schmerzen, Leiden oder Schäden auftreten. Man spricht in solchen Fällen auch von einer sogenannten Qualzucht. Eine solche wird angenommen, wenn bei Wirbeltieren die durch Zucht geförderten oder die geduldeten Merkmalsausprägungen (Form-, Farb-, Leistungs- und Verhaltensmerkmale) zu Minderleistungen im Hinblick auf den Selbstaufbau, die Selbsterhaltung und Fortpflanzung der Tiere führen und sich in züchtungsbedingten Veränderungen oder Verhaltensstörungen zeigen, die mit Schmerzen, Leiden oder Schäden verbunden sind.

Was hierunter im Einzelnen zu verstehen ist, ergibt sich aus dem »Gutachten zur Auslegung von § 11b des Tierschutzgesetzes« der Sachverständigengruppe Tierschutz und Heimtierzucht vom 02.06.1999 (herausgegeben vom Bundesministerium für Ernährung, Landwirtschaft und Forsten, Referat Tierschutz).

Zuchtverbote werden für Tiere empfohlen, die Träger von Genen beziehungsweise eindeutig erblich bedingter Merkmale sind, die für den Züchter direkt erkennbar oder diagnostisch zugänglich sind. Ein Verstoß gegen die Zuchtverbote des § 11b TSchG kann sowohl vorsätzlich als auch fahrlässig begangen und als Ordnungswidrigkeit mit einer Geldbuße bis zu 25.000 Euro geahndet werden. Eine fahrlässige Begehung kann beispielsweise vorliegen, wenn mit Tieren gezüchtet wird, die Merkmalsträger von Erbkrankheiten sind, die mit Hilfe von Vorsorgeuntersuchungen (zum Beispiel Bluttest, Röntgen) erkennbar gewesen wären und diese Untersuchungen von dem Züchter nicht vorgenommen wurden.

Es werden dabei in der Zucht sowohl die direkten als auch die indirekten Merkmale berücksichtigt. Bei Hunden geht das Gutachten insbesondere bei Vorliegen der nachfolgend aufgelisteten Merkmale von der Gefahr einer Qualzüchtung aus:

a) Blue-dog-Syndrom (Blauer-Dobermann-Syndrom)

Hierunter versteht man eine blau-graue Farbaufhellung mit Disposition zu Alopezie (Haarausfall) und Hautentzündungen. Die Krankheit selbst gehört zur Gruppe der Pigmentmangel-Syndrome und zeigt sich dadurch, dass es schon bei jungen Tieren durch eine gestörte Verhornung des Haarfollikel-Epithels zu Haarausfall (sogenanntem Mottenfraß) kommt, die mit einer vermehrten Schuppenbildung, Papeln und Pusteln sowie sekundären follikulären Pyodermien (Hautentzündungen) einhergeht. Darüber hinaus bestehen unterschiedlich ausgeprägte Veränderungen im Lymphsystem, Ödeme sowie Nebennierenrinden-Dysplasie. Das Merkmal wird von einem autosomal unvollkommen dominanten Gen bestimmt und tritt sporadisch und familiär gehäuft vor allem beim Dobermann auf. Aber auch andere Rassen wie etwa Deutsche Dogge, Greyhound, Irish Setter, Pudel, Teckel und Yorkshire Terrier können betroffen sein. Das Gutachten empfiehlt daher für Tiere mit blaugrauer Farbaufhellung ein Zuchtverbot, da in ihrer Nachkommenschaft immer wieder Tiere mit Farbaufhellung und Disposition zu Hautentzündungen auftreten, die zu Schmerzen und Leiden führen.

b) Brachy- und Anurien sowie Verkrüppelung der Schwanzwirbelsäule

Es handelt sich hierbei um unterschiedlich ausgeprägte Verkürzungen der Schwanzwirbelsäule bis hin zur Stummelschwänzigkeit, mit oder ohne Verkrüppelung des Schwanzes (wie etwa Korkenzieher- oder Knickrute). Derartige Schwanzanomalien werden autosomal rezessiv vererbt. Dasselbe gilt für Brachy- und Anurien (wie zum Beispiel beim Cocker Spaniel). Allerdings können solche Anomalien bei manchen Rassen auch durch eine Modifikation der Merkmalsausprägung durch weitere Gene hervorgerufen werden oder umweltbedingt sein.

Knick- und Korkenzieherruten sowie Verkürzungen der Schwanzwirbelsäule (insbesondere Anurie = fehlender Schwanz) treten häufig in Verbindung mit Missbildungen an weiteren Abschnitten der Wirbelsäule (zum Beispiel Block-, Schmetterlings- und Keilwirbelbildungen) auf. Hierdurch kann es zu Beeinträchtigungen des Rückenmarks mit Störungen der Beweglichkeit der Hintergliedmaßen bis hin zu Lähmungen sowie zu Harn- und Kot-Inkontinenz kommen.

Knick- und Korkenzieherruten treten sporadisch oder familiär gehäuft bei Französischer Bulldogge, Englischer Bulldogge, Mops und Teckel auf. Stummelschwänze (Brachyurien) kommen überwiegend bei Bobtail, Cocker Spaniel, Entlebucher Sennenhund und Rottweiler vor.

Die Gutachterkommission empfiehlt eine Röntgendiagnostik für Zuchttiere sowie ein Zuchtverbot für solche Tiere, die neben Knick- und Korkenzieherrute beziehungsweise Brachy- oder Anurie auch Wirbeldefekte weiterer Abschnitten der Wirbelsäule aufweisen, da bei den Nachkommen mit Schmerzen und Leiden gerechnet werden muss. Außerdem sollte im Rassestandard auf Korkenzieherruten verzichtet werden.

c) Dermoid/Dermoidzysten

Dieser Begriff bezeichnet Hauteinstülpungen am Rücken, die bis in den Wirbelkanal hineinreichen können. Diese treten beim Rhodesian Ridgeback am Rücken auf und zwar vor und hinter dem »Ridge« (so wird der Haarstrich mit gegenläufigem Wuchs genannt). Dermoidzysten entwickeln sich embryonal aus einer unvollkommenen oder ausbleibenden Trennung von Haut und Rückenmark. Wenn die Verbindung zum Wirbelkanal und Rückenmark bestehen bleibt, dann kann dies zu Nachhandlähmungen und Überempfindlichkeiten führen. Durch Infektionen können außerdem entzündliche Veränderungen wie zum Beispiel Gehirnhautentzündung auftreten.

Wahrscheinlich wird das Merkmal von einem autosomal unvollkommen dominanten Gen bestimmt, das möglicherweise mit dem Gen für das Merkmal »Ridge« gekoppelt ist. Die Sachverständigengruppe empfiehlt für Tiere, die mit Dermoidzysten behaftet sind, ein Zuchtverbot, da bei den Nachkommen mit Schmerzen und Leiden gerechnet werden muss.

d) Grey-Collie-Syndrom

Hierunter versteht man eine silbergraue Farbaufhellung (sogenannte Depigmentierung), die mit schweren Störungen der Blutbildung (Hämatopoese), insbesondere der Granulozyten verbunden ist. Dieser Defekt kommt in verschiedenen Collie-Zuchtlinien vor.

Die silbergrauen Tiere zeigen eine starke Disposition zu Infektionen, weil sie aufgrund der Störung der Hämatopoese und des Immunsystems an einer mangelnden Infektionsabwehr leiden. Betroffen sind vor allem die Schleimhäute (zum Bespiel Gingivitis, Diarrhoe). Deshalb können Welpen häufig nur unter Antibiotikaschutz aufgezogen werden. Nicht selten versterben die Tiere noch vor Erreichen der Geschlechtsreife.

Dieses Merkmal wird durch ein autosomal rezessives Gen (sogenannter Semiletalfaktor) hervorgerufen. Das Gutachten empfiehlt daher für Tiere mit silbergrauer Farbaufhellung und bekannte Defektträger ein Zuchtverbot.

e) Haarlosigkeit (Nackthunde)

Die Haarlosigkeit bei Nackthunden (zum Beispiel Chinesischer Nackthund, Mexikanischer Nackthund) ist ein Defekt, der von einem autosomal unvollkommen dominanten Gen (Letal-/Semiletalfaktor) bestimmt wird.

Die Tiere zeigen in der Regel schwerwiegende Gebissanomalien (zum Beispiel fehlende Prämolaren oder Canini) und weisen – ähnlich wie Nacktmäuse – bestimmte Immundefizite auf. Nackthunde haben eine sehr empfindliche Haut und leiden deshalb unter Sonnenbrand und Fliegenbefall im Sommer sowie häufig auch an Allergien. Sind die Tiere für das Nacktgen homozygot, dann sind sie nicht lebensfähig und sterben gleich nach der Geburt. Die Sachverständigengruppe empfiehlt deshalb für alle Defektträger ein Zuchtverbot.

f) Merlesyndrom

Hierbei handelt es sich um ein Depigmentierungssyndrom, bei dem zusätzlich verschiedene Sinnesorgandefekte auftreten können. So sind beispielsweise Anomalien am Auge (u. a. Katarakte, fehlendes Tapetum lucidum) sowie Degenerationen im Innenohr möglich. Solche Veränderungen können ein- oder beidseitig auftreten und sich in einer mehr oder weniger starken Einschränkung der Hör- und Sehfähigkeit äußern. Außerdem können Störungen des Gleichgewichtsorgans und der Reproduktion auftreten.

Das Merlesyndrom kommt in Zuchtlinien verschiedener Rassen vor, u. a. Bobtail, Collie, Deutsche Dogge, Dunkerhund, Sheltie, Teckel, Welsh Corgi. Das Merkmal wird von einem autosomal vollkommen dominanten Gen (sogenanntes Subvitalgen) hervorgerufen.

Die für das Merle-Gen heterozygoten Tiere (Mm) weisen die von den Züchtern gewünschte Tigerung (disperse Pigmentaufhellung) auf. Bei homozygoten Merle-Tieren (sogenannter Weißtiger) sind mehr als 50 Prozent bis 100 Prozent der Körperoberfläche unpigmentiert.

Weißtiger (MM) sind von den zuvor beschriebenen Anomalien deutlich stärker betroffen als die heterozygoten Tiere. Neuere Untersuchungen haben ergeben, dass nur bei vermutlich homozygoten Merle-Tieren Sinnesorganschäden auftreten. Außerdem liegt die perinatale Sterblichkeit bei den Weißtigern bei bis zu 47 Prozent.

Da homozygote Merle-Weißtiger (MM) in der Regel Sinnesorganstörungen aufweisen, empfiehlt die Sachverständigengruppe sowohl für Weißtiger als auch für den Paarungstyp Tiger (Mm) x Tiger (Mm) ein Zuchtverbot.

g) Brachyzephalie (Rundköpfigkeit)

Hierunter versteht man eine breite, runde Ausformung des Schädels (ausgeprägte Jochbögen und größere Wölbung des Schädeldaches) bis hin zum primatenähnlichen Rundkopf (zum Beispiel bei Pekinesen) und/oder die Verkürzung der Kiefer- und Nasenknochen. Derartige Kopfformen kommen u. a. vor bei den Rassen Boxer, Bulldog, Chihuahua, Mops, Pekinese, Cavalier King Spaniel, Shi Tzu, Toy-Spaniel und Yorkshire Terrier. Hervorgerufen wird dieses Merkmal durch einen polygen determinierten Merkmalskomplex.

Tiere mit extremen Rundköpfen neigen zu Schwergeburten, Gehirntumoren sowie Hydrocephalus (Wasserkopf). Mit dem Grad der Verzwergung nimmt gleichzeitig die Dicke der Schädeldecke ab. Häufig verwächst auch die Fontanelle nicht richtig. Hierdurch kann es leicht zu Schädelverletzungen kommen. Das disproportionierte Wachstum der Schädelknochen führt u. a. zu einer Verkleinerung der Nebenhöhlen, Stenosen in den Nasenöffnungen und -gängen sowie zu einem langen, weichen Gaumen. Als Folgen sind häufig Atembeschwerden bis hin zur Atemnot, Störungen der Thermoregulation (Gefahr des Hitzschlags) und Schluckbeschwerden festzustellen. Außerdem leiden extrem rundköpfige Tiere (zum Beispiel Chihuahua, Mops) vermehrt unter weit hervortretenden Augen, weshalb sie als anfällig für traumatische Augenkrankheiten gelten. Des Weiteren kann der Zahnschluss durch einen ausgeprägten Vorbiss so fehlerhaft sein, dass die Gebissfunktion erheblich eingeschränkt ist.

Die Sachverständigengruppe empfiehlt daher, dass extreme Rundköpfigkeit, vor allem eine disproportionierte Verkürzung der Gesichtsknochen vermieden werden müsse. Hierfür sollten die Zuchtverbände bei der Zuchtzulassung eine entsprechende Funktionsprüfung potenzieller Zuchttiere durchführen. Nach dem zweiten Kaiserschnitt sollten Zuchthündinnen von der Zucht ausgeschlossen werden. Ein Zuchtverbot soll für alle Tiere gelten, die den vom Zuchtverband festzulegenden Grenzwert überschreiten.

h) Ektropium

Dieser Begriff bezeichnet das Auswärtsrollen des unteren Augenlidrandes. Dieser Defekt kommt gehäuft vor bei den Rassen Basset Hound, Bernhardiner, Bloodhound, Bulldoggen, Cocker Spaniel, Neufundländer und Shar Pei. Das Merkmal wird polygen vererbt. Vor allem Rassen mit faltenreicher Haut gelten als besonders disponiert.

Durch den unvollständigen Lidschluss beim Ektropium kommt es zu Tränenfluss, Konjunktivitis sowie unter Umständen zu Veränderungen an der Hornhaut. Deshalb empfiehlt das Gutachten ein Zuchtverbot für Tiere mit Ektropium. Außerdem sollte das Zuchtziel darauf gerichtet sein, eine Übertypisierung mit schlaffer und faltiger Haut zu vermeiden.

i) Entropium

Hierunter versteht man ein Einwärtsrollen des Augenlidrandes. Dieser Defekt kommt bei vielen Rassen vor, unter anderem beim Bullterrier, Chow-Chow, Pudel, Rottweiler, Sennenhund und Shar Pei. Der Erbgang ist zwar unklar, es wird jedoch vermutet, dass er polygen vererbt wird. Eine Häufung konnte bei Tieren mit tief liegenden und/oder kleinen Augen festgestellt werden.

Durch das Einwärtsrollen des oberen oder unteren Augenlidrandes kann es zu Hornhaut- und Bindehautirritation bis hin zu Bindehaut- oder Hornhautentzündungen kommen. Die Sachverständigengruppe empfiehlt daher ein Zuchtverbot für Tiere mit Entropium.

j) Hüftgelenksdysplasie (HD)

Es handelt sich bei diesem Defekt um eine mangelhafte Ausbildung des Hüftgelenks, die vor allem bei großen, schweren und schnellwüchsigen Rassen vorkommen kann, wie zum Beispiel Bernhardiner, Boxer, Deutsche Dogge, Deutscher Schäferhund, Leonberger, Mastiff, Neufundländer, Retriever, Rottweiler, Sennenhund. Allerdings können auch kleine Rassen von HD betroffen sein.

Die Hüftgelenksdysplasie wird polygen vererbt und kann ein- und beidseitig auftreten. Man hat festgestellt, dass bei etwa 30 Prozent der HD-positiven Hunde gleichzeitig Veränderungen im Knie- und Schulterbereich vorkommen.

Der Defekt besteht darin, dass die knöchernen Gelenkanteile, Acetabulum und/oder Caput femoris nur ungenügend ausgebildet werden. Dadurch kann es – vor allem wenn die Gelenkkapsel und die -bänder erschlaffen – zur Insuffizienz des Gelenks mit loser Anbindung bis hin zur Luxation kommen. Je nach Schweregrad kann dies zu Osteoarthrose und Kapselfibrose mit schmerzhafter Lahmheit führen.

Die Sachverständigengruppe empfiehlt daher ein Zuchtverbot für Merkmalsträger ab leichter HD, weil Untersuchungen gezeigt haben, dass dadurch die Anzahl HD-positiver Tiere deutlich gesenkt werden kann.

k) Übermäßige permanente Hautfaltenbildung

Hierunter sind Hautfalten zu verstehen, die sich teilweise (partiell) oder vollständig (generalisiert) über den Körper verteilen. Eine partielle übermäßige Faltenbildung zeigt sich insbesondere bei brachyzephalen Tieren mit ausgeprägtem Stirnabsatz (zum Beispiel Pekinese, Toy-Spaniel). Dagegen kommt eine generalisierte Faltenbildung unter anderem beim Basset Hound, Bloodhound und besonders extrem beim Shar Pei vor.

Durch die übermäßige Faltenbildung sind die Tiere für Mucinosen und Dermatitiden prädisponiert. Bei brachyzephalen Rassen (zum Beispiel Pekinesen) treten durch die permanente mechanische Reizung der Cornea durch Haare außerdem Keratitiden (Hornhautentzündungen) auf.

Zwar ist der Erbgang nicht geklärt, es wird jedoch eine polygene Vererbung vermutet. Das Gutachten empfiehlt geeignete Maßnahmen der Zuchtverbände, um einer Übertypisierung zu schlaffer, faltiger Haut entgegenzuwirken sowie ein Zuchtverbot für Tiere, die die von den Verbänden festgelegten Grenzwerte überschreiten.

l) Erblich bedingte Verhaltensstörungen

Nach § 11b Abs. 2 TSchG ist es außerdem verboten, Wirbeltiere zu züchten, wenn damit gerechnet werden muss, dass bei den Nachkommen

a) mit Leiden verbundene erblich bedingte Verhaltensstörungen auftreten oder
b) jeder artgemäße Kontakt mit Artgenossen bei ihnen selbst oder einem Artgenossen zu Schmerzen oder vermeidbaren Leiden oder Schäden führt oder
c) deren Haltung nur unter Bedingungen möglich ist, die bei ihnen zu Schmerzen oder vermeidbaren Leiden oder Schäden führen.

Als erblich bedingte Verhaltensstörungen könnten beispielsweise neurologische Auffälligkeiten wie zum Beispiel zwanghaftes Pfotenlecken, im Kreis laufen oder sogenanntes Fly-snapping angesehen werden. Auch nach der Streichung des Begriffs der »erblich bedingten Aggressionssteigerung« ist davon auszugehen, dass unter dieses Zuchtverbot auch Tiere fallen sollen, die aus unterschiedlichen Gründen ein übersteigertes Angriffs- oder Kampfverhalten zeigen beziehungsweise bei denen die Beißhemmung reduziert ist oder ganz fehlt (zum Beispiel sogenannte Angstbeißer).

In den Hundegesetzen der Länder sind zudem Zuchtverbote für bestimmte Hunderassen sowie für verhaltensauffällige Hunde geregelt. So enthält beispielsweise das Hamburgische Gesetz über das Halten und Führen von Hunden (HundeG) vom 26.01.2006 in § 21 ein Zuchtverbot. Danach dürfen Hunde nicht mit dem Ziel einer gesteigerten Aggressivität und Gefährlichkeit gegenüber Menschen oder Tieren gezüchtet werden.

Außerdem darf hier nicht mit gefährlichen Hunden nach § 2 HundeG gezüchtet werden. Hierunter fallen insbesondere die Rassen Pitbull Terrier, American Staffordshire Terrier, Staffordshire Bullterrier sowie Bullterrier. Darüber hinaus sind von diesem Zuchtverbot auch Hunde umfasst, die bereits durch ein nicht angemessenes oder ausgeprägtes Aggressionsverhalten auffällig geworden sind (zum Beispiel durch Beißereien). Ein Verstoß gegen diese Zuchtverbote stellt eine Straftat dar, die mit Freiheitsstrafe bis zu zwei Jahren oder Geldstrafe bestraft werden kann. Außerdem kann der betreffende Hund eingezogen werden.

Deshalb sollten Sie sich als Züchter stets über die für Ihr Bundesland gegebenenfalls geltenden Zuchtverbote informieren. Auskünfte hierüber erhalten Sie bei Ihrer zuständigen Stadt- beziehungsweise Gemeindeverwaltung oder dem zuständigen Landesministerium.

5. Verwaltungsrechtliche Vorschriften für die Hundezucht

In der Praxis kommen immer wieder Fälle vor, in denen Hundezüchter Probleme mit dem Bauamt bekommen, weil ihre Hundezucht angeblich eine unerlaubte Nutzungsänderung ihres Wohnhauses darstelle. Betroffen sind meist Hundezüchter, die in reinen Wohngebieten leben.

Ob tatsächlich eine unerlaubte Nutzungsänderung vorliegt, ist eine Frage des Einzelfalls. Aus diesem Grund ist die Rechtsprechung zu diesem Problem sehr unterschiedlich und teilweise auch konträr. So hat beispielsweise der Verwaltungsgerichtshof Baden-Württemberg in seinem Beschluss vom 13.03.2003 (Az.: 5 S 2771/02) rechtskräftig entschieden, dass eine Riesenschnauzerzucht in einem gemischten Wohngebiet unzulässig sei. Dieser Entscheidung lag folgender Sachverhalt zu Grunde:

Dem betroffenen Züchter gehörten regelmäßig drei Zuchthündinnen sowie vier bis fünf weitere ausgewachsene Tiere, die allesamt draußen in einer eigens errichteten Zwingeranlage gehalten wurden. Jährlich fielen in dem Zwinger ein bis zwei Würfe.

Nachdem sich Nachbarn über Lärm- und Geruchsbelästigungen beschwert hatten, überprüfte die zuständige Baubehörde, ob ein Verstoß gegen die Baunutzungsverordnung vorliege. Danach seien zwar in gemischten Baugebieten untergeordnete Nebenanlagen und Einrichtungen zugelassen, diese müssten jedoch dem Nutzungszweck der Grundstücke und des Baugebiets selbst dienen und seiner Eigenart nicht widersprechen. Die Vorschrift ermögliche eine Kleintierhaltung nur dann, wenn sie in dem betreffenden Gebiet üblich und ungefährlich sei, den Rahmen der für eine Wohnnutzung typischen Freizeitbeschäftigung nicht sprenge und die Anlage sowohl in ihrer Funktion als auch räumlich-gegenständlich dem primären Nutzungszweck der im Baugebiet gelegenen Grundstücke zu- und untergeordnet sei. Dies treffe jedoch bei einer Hundezucht, bei der die Hunde im Freien gehalten würden, nicht zu.

Außerdem kamen sowohl das Verwaltungsgericht als auch der Verwaltungsgerichtshof zu der Überzeugung, dass es sich bei der betreffenden Zucht um eine gewerbliche oder jedenfalls gewerbeähnliche Nutzung handele, die in dem betreffenden Baugebiet nicht zulässig sei. Zwar seien auch Gewerbebetriebe im Mischgebiet nicht völlig ausgeschlossen, jedoch nur solche zulässig, die das Wohnen nicht wesentlich störten.

Dies sei in dem vorliegenden Fall jedoch nicht so. Das Bellen und Jaulen der Hunde, die von ihnen ausgehenden Geruchsbelästigungen sowie – wie die Nachbarn geltend gemacht haben – das Schreien der Hundebesitzer beim Umgang mit ihren Hunden seien typischerweise geeignet, den Anspruch auf Ruhe, insbesondere am Abend, in der Nacht und an Sonn- und Feiertagen, der auch den Bewohnern eines Mischgebiets zustehe, zu beeinträchtigen. Deshalb unterscheide sich die beanstandete Hundehaltung deutlich von der vielfach gegebenen unzulässigen Situation, dass mehrere Hunde auf verschiedenen Grundstücken einzeln im Haus gehalten werden.

In einem anderen Fall hat dagegen das Oberverwaltungsgericht Münster entschieden, dass eine hobbymäßig und in kleinem Rahmen ausgeübte Hundezucht auch in einem Wohnhaus betrieben werden dürfe und damit baurechtlich zulässig sei (Az.: 7 B1823/02). Der zugrunde liegende Sachverhalt gestaltete sich wie folgt:

Ein Ehepaar, das hobbymäßig Bearded Collies züchtet, hielt in seinem Wohnhaus vier Hunde dieser Rasse. Etwa einmal pro Jahr fiel ein Wurf, der veräußert wurde. Hierin sah das Bauamt bereits eine gewerbliche Zucht, die mit einem reinen Wohngebiet grundsätzlich unvereinbar sei. Das Oberverwaltungsgericht folgte dieser strengen Auslegung baurechtlicher Vorschriften, die insbesondere Hobbyzüchter betrifft, jedoch nicht. Es entschied vielmehr, dass bei Hunden, die in Wohnräumen gehalten werden und wenn keine konkreten, berechtigten Nachbarbeschwerden bekannt seien, keine genehmigungspflichtige Nutzungsänderung eines Wohnhauses vorliege.

Die Verträglichkeit einer Hundehaltung in Wohngebieten werde nämlich wesentlich durch die mögliche Lärmbelästigung für die Nachbarschaft bestimmt, so dass Größe, Temperament und Unterbringung der Tiere eine Rolle spielen. Da im vorliegenden Fall beispielsweise keine Zwingeranlage vorhanden sei und keine berechtigten Nachbarbeschwerden vorliegen, könne man nicht von einer unzulässigen gewerblichen Hundezucht ausgehen. Deshalb hat das Oberverwaltungsgericht die Verbotsverfügung des Bauamtes gegen das Züchterehepaar, dem eine illegale Nutzungsänderung durch eine gewerbliche Hundezucht in einem Wohngebiet vorgeworfen wurde, in zweiter Instanz aufgehoben.

Neben der Anzahl der gehaltenen Hunde, deren Unterbringung sowie den von ihnen gegebenenfalls ausgehenden Lärm- und Geruchsbelästigungen für die Nachbarschaft kann im Streitfall auch entscheidend sein, zu welchem Zweck die Hunde gezüchtet werden. So hat beispielsweise das Verwaltungsgericht Trier eine Hundezucht mit vier Schäferhunden in einem Dorfgebiet mit folgender Begründung für zulässig erklärt (Az.: 5 K 5/5. – (18/06):

Ob eine Hundezucht als störend oder nicht wesentlich störend anzusehen sei, beurteile sich nicht abstrakt allein nach der Zahl der Hunde, sondern ausschließlich nach den konkreten Verhältnissen vor Ort. Dabei sei auch maßgeblich, zu welchem Zweck die Hundezucht aufgebaut werden solle. So sei eine Hundezucht mit vier Schäferhunden in einem Dorfgebiet zulässig und nicht zu beanstanden, wenn, wie in diesem Streitfall, sehr disziplinierte Hunde, die bei Polizei, Zoll, Blindenführhundschulen und THW eingesetzt werden sollen, gezüchtet und ausgebildet werden. Derartige Hunde könnten nicht mit Hunden in einem Tierheim verglichen werden, die oft mit lautem Gebell in Verbindung zu bringen seien. Hunde in einem Tierheim sind nämlich regelmäßig nicht von klein auf an andere Hunde gewöhnt und erfahren häufig nicht so viel Auslauf und Beschäftigung wie Zuchthunde.

Die zuvor erläuterten Urteile geben zwar nur einen kleinen Einblick in die Rechtsprechung zu dieser Problematik, dennoch sollten Sie als Züchter hieraus folgendes Resümee ziehen:

- Wenn Sie gewerbsmäßig züchten wollen, sollten Sie im Besitz der erforderlichen Erlaubnis gemäß § 11 Abs. 1 S. 1 TSchG sein (vgl. Kapitel 2) und über eine allen Haltungsbedingungen des Tierschutzgesetzes entsprechenden Zuchtanlage (vgl. Kapitel 3) im Außenbereich verfügen. Vor der Zuchtaufnahme sollten Sie sich mit dem zuständigen Bauamt in Verbindung setzen.

- Wer nur hobbymäßig züchtet, sollte seine Hunde in der Regel im Hause halten oder zumindest dafür Sorge tragen, dass die gesetzlich vorgeschriebenen Ruhezeiten während der Mittags- und der Nachtzeit eingehalten werden.

- Die Hunde sind so zu halten, dass sich die Nachbarschaft erst gar nicht durch etwaige Lärm- oder Geruchsbelästigungen gestört fühlen kann. Empfehlenswert sind geeignete Einfriedungen (z. B. Hecken, Sichtschutzzäune), die auch schallisolierend wirken. Ebenso ist auf absolute Sauberkeit zu achten (z. B. regelmäßige ordnungsgemäße Entsorgung von Kot und Einstreu).

- Bei Beschwerden aus der Nachbarschaft sollte frühzeitig eine für beide Seiten akzeptable Lösung angestrebt werden. Unter Umständen sollten Sie sich selbst an die zuständige Behörde wenden und unter Darlegung Ihrer ordnungsgemäßen Hundehaltung darauf hinweisen, dass die Beschwerden unbegründet sind.

Falls Sie allein nicht weiterkommen, sollten Sie rechtzeitig juristische Hilfe in Anspruch nehmen, ehe die Situation eskaliert und sich zum Rechtsstreit entwickelt.

6. Impf- und Kennzeichnungsvorschriften

Das Impfen und Kennzeichnen von Hunden ist in verschiedenen Rechtsvorschriften sowie in den Zuchtordnungen des VDH und der Rassehundvereine geregelt. Nachfolgend erhalten Sie einen Überblick über die wichtigsten Regelungen.

a) Impfvorschriften

Die wichtigste Impfvorschrift findet sich in § 1 Nr. 3 der Verordnung zum Schutz gegen die Tollwut (TollwV). Danach liegt bei Hunden ein wirksamer Impfschutz gegen Tollwut vor, wenn die Tollwutimpfung

- im Falle einer Erstimpfung bei Welpen im Alter von mindestens 21 Tagen nach Abschluss der Grundimmunisierung und längstens um den Zeitraum zurückliegt, den der Impfstoffhersteller für eine Wiederholungsimpfung angibt, oder
- im Falle von Wiederholungsimpfungen die Impfungen jeweils innerhalb des Zeitraums durchgeführt worden sind, den der Impfstoffhersteller für die jeweilige Wiederholungsimpfung angibt.

Sie sollten deshalb Ihren Tierarzt fragen, welchen Impfstoff er verwendet und in welchen Auffrischintervallen nachgeimpft werden muss. Beachten Sie dabei, dass der Tierarzt nur in Deutschland zugelassene Impfstoffe verwenden darf.

Eine ordnungsgemäße Tollwutimpfung ist auch Voraussetzung, um mit einem Hund an einer Ausstellung teilnehmen zu dürfen. Deshalb sind Hundeausstellungen oder ähnliche Veranstaltungen (zum Beispiel Zuchtzulassungsveranstaltungen) der zuständigen Behörde gemäß § 4 TollwV mindestens acht Wochen vor Beginn anzuzeigen.

Kommt es in einem Gebiet zum Ausbruch der Tollwut oder besteht der Verdacht, dass die Tollwut ausgebrochen ist, dann muss die zuständige Behörde bei seuchenverdächtigen Hunden gemäß § 7 Abs. 1 TollwV grundsätzlich die Tötung und unschädliche Beseitigung anordnen. Auch bei einem bloßen Ansteckungsverdacht durch einen eventuellen Kontakt mit einem an Tollwut erkrankten Tier kann gemäß § 9 Abs. 1 TollwV die sofortige Tötung des Hundes angeordnet werden. In den beiden zuvor genannten Fällen darf ausnahmsweise von der Tötung abgesehen werden, wenn das betroffene Tier nachweislich unter wirksamem Impfschutz steht. Schon aus diesem wichtigen Grund sollten Sie die Tollwutimpfintervalle für Ihre Hunde genauestens einhalten.

Wenn Sie mit Ihren Hunden ins Ausland fahren wollen (zum Beispiel zu Ausstellungen oder zum Decken), sollten Sie sich bei Ihrem Tierarzt rechtzeitig nach den in dem jeweiligen Land erforderlichen Impfungen informieren. Da in fast allen Ländern auf einer Tollwutimpfung des Hundes bestanden wird, sollten Sie sich rechtzeitig bei Ihrem Tierarzt über die in dem jeweiligen Land geltenden Impfvorschriften informieren, damit der Tollwutimpfschutz dort anerkannt wird. Darüber hinaus können – je nach Land – noch andere Impfungen erforderlich sein.

Meist wird auch ein aktuelles amtstierärztliches Gesundheitszeugnis oder ein internationaler Impfausweis als Nachweis für durchgeführte Schutzimpfungen verlangt. Je nachdem, welche Gesundheitsnachweise in dem einzelnen Land verlangt werden, kann die ganze Prozedur bis zu sechs Monaten in Anspruch nehmen. Kümmern Sie sich also frühzeitig um die erforderlichen Impfungen und Papiere.

Auch bei der Wiedereinreise nach Deutschland muss der Nachweis einer wirksamen Tollwutschutzimpfung erbracht werden können. Hierfür genügt in der Regel ein entsprechender Eintrag im internationalen Impfpass Ihres Hundes. Die Tollwutimpfung sollte auch in diesem Fall den Vorgaben des § 1 Nr. 3 TollwV entsprechen (siehe oben). Wenn Sie einen ausländischen Hund nach Deutschland einführen möchten, benötigen Sie zusätzlich ein Gesundheitszeugnis.

Ein wirksamer Tollwutimpfschutz Ihrer Hunde ist auch deshalb wichtig, weil Hunde ansonsten gemäß § 8 Abs. 3 TollwV in tollwutgefährdeten Bezirken nicht frei laufen dürfen. Stehen die Tiere nachweislich unter wirksamem Impfschutz, dann sind sie von diesem Verbot ausgenommen, sofern sie von einer Person begleitet werden, der sie zuverlässig gehorchen.

Für weitere Impfungen liegt eine Impfempfehlung der Ständigen Impfkommission vet. für Hunde vor. Mitglieder dieser Kommission sind unter anderem Wissenschaftler, Vertreter des Paul-Ehrlich-Instituts sowie Experten für Kleintiere der Bundestierärztekammer, des Bundesverbandes praktischer Tierärzte sowie der Deutschen Veterinärmedizinischen Gesellschaft. Diese Impfempfehlung, auf die sich auch der VDH stützt, ist lediglich als Leitlinie zu verstehen und soll den praktizierenden Tierärzten als Entscheidungshilfe dienen.

Nach dieser Impfempfehlung sollten Hunde immer gegen die folgenden Infektionen geschützt sein:

Staupe,
Ansteckende Leberentzündung (HCC),
Parvovirose,
Leptospirose und
Tollwut.

Die Grundimmunisierung (hierunter versteht man alle Impfungen von Welpen in den ersten beiden Lebensjahren) sollte wie folgt durchgeführt werden:

Im Alter von
8 Lebenswochen: Staupe, HCC, Parvovirose, Leptospirose
12 Lebenswochen: Staupe, HCC, Parvovirose, Leptospirose, Tollwut
16 Lebenswochen: Staupe, HCC, Parvovirose, Tollut
15 Lebensmonaten: Staupe, HCC, Parvovirose, Leptospirose, Tollwut

Ältere Tiere sollen ihre Impfungen in denselben Abständen erhalten. Ab einem Alter von 12 Lebenswochen ist eine zweimalige Impfung im Abstand von drei bis vier Wochen und danach eine weitere Impfung nach einem Jahr ausreichend, um eine Grundimmunisierung wirksam herzustellen.

Wiederholungsimpfungen sind alle Impfungen, die nach der abgeschlossenen Grundimmunisierung erfolgen. Für Staupe, HCC und Parvovirose werden Wiederholungsimpfungen ab dem zweiten Lebensjahr in dreijährigem Rhythmus für ausreichend erachtet. Dagegen wird für Leptospirose eine jährliche Wiederholungsimpfung empfohlen. Die Wiederholungsimpfung gegen Tollwut richtet sich nach der Empfehlung des Impfstoffherstellers.

In der Zucht-Ordnung des VDH (VDH-ZO), die in viele Zuchtordnungen angeschlossener Rassehundvereine Eingang gefunden hat, wird in § 8 Nr. 4 lediglich bestimmt, dass der zuständige Zuchtwart bei der Wurfabnahme die Einhaltung der Impfvorschriften überprüfen muss. Da der VDH auf die zuvor genannte Impfempfehlung hinweist, sollten die Welpen dementsprechend grundimmunisiert werden.

b) Kennzeichnungsvorschriften

Nach § 5 der Tollwut-Verordnung ist es verboten, Hunde außerhalb geschlossener Räume frei laufen zu lassen oder mit sich zu führen, wenn sie nicht ein Halsband, einen Gurt oder ein sonstiges Hundegeschirr tragen, auf oder an dem Name und Anschrift des Besitzers angegeben sind oder an dem eine Steuermarke befestigt ist. Dies gilt allerdings nicht für Hunde auf umfriedeten Grundstücken, von denen sie nicht entweichen können, wie zum Beispiel feste Zwingeranlagen. Eine Zuwiderhandlung gegen diese Kennzeichnungspflicht stellt eine Ordnungswidrigkeit dar, die mit einer Geldbuße bis zu 25.000 Euro geahndet werden kann.

Ebenso ist in den Hundegesetzen der Länder in der Regel eine fälschungssichere Kennzeichnung von Hunden mittels eines elektronisch lesbaren Transponders (Mikrochip) gemäß ISO-Norm vorgeschrieben.

Sie sollten sich daher über die in Ihrem Bundesland speziell geltenden Kennzeichnungspflichten für Hunde informieren.

Außerdem ist in § 8 Nr. 4 der Zucht-Ordnung des VDH (VDH-ZO) bestimmt, dass der zuständige Zuchtwart bei der Zuchtabnahme die ordnungsgemäße Kennzeichnung der Welpen durch Chip- beziehungsweise Tätowiernummer überprüfen muss. Da Tätowiernummern im Laufe der Zeit häufig unleserlich werden, empfiehlt es sich grundsätzlich, Hunde mit einem Mikrochip zu kennzeichnen, sofern dies nicht sowieso nach dem für Sie geltenden Landesrecht vorgeschrieben ist.

7. Transportvorschriften für Hunde

Wenn Sie mit dem Auto verreisen, sind Sie überall verpflichtet, mitreisende Tiere »gesichert« unterzubringen. Dies kann etwa mit einem Hundesicherheitsgurt geschehen oder aber durch ein Trenngitter beziehungsweise -netz. In einigen Ländern (zum Beispiel Italien oder Spanien) wird dies manchmal sogar kontrolliert und bei Nichtbeachtung mit einem Bußgeld geahndet.

Falls ein Hund ohne Aufsicht in einem Fahrzeug verbleiben muss, ist gemäß § 8 Abs. 2 Nr. 3 Tierschutz-Hundeverordnung für ausreichende Frischluft und angemessene Lufttemperaturen zu sorgen. Da in diesem Fall stets die Gefahr besteht, dass das Tier belastenden Temperaturen ausgesetzt wird, sollen Hunde generell nicht längere Zeit ohne Aufsicht in einem Fahrzeug verbleiben. Dies gilt insbesondere für Personenwagen. Bei Ausstellungen oder ähnlichen Veranstaltungen sollten Sie deshalb immer einen oder mehrere Helfer mitnehmen, die sich während Ihrer Abwesenheit um die Hunde kümmern.

Wenn Sie mit der Bahn verreisen wollen, müssen kleine Hunde (etwa bis zur Größe einer Hauskatze) in einer Transportbox untergebracht sein. Für größere Hunde gilt grundsätzlich eine Leinen- und Maulkorbpflicht (mit Ausnahme von Blindenführhunden). Ob Sie Ihrem Tier – gerade in der warmen Jahreszeit – das stundenlange Tragen eines Maulkorbs zumuten wollen, sollten Sie sich allerdings reiflich überlegen.

Wollen Sie den Hund mit auf eine Flugreise nehmen, gelten folgende Vorschriften, die allerdings bei den einzelnen Airlines variieren:

Kleine Hunde (in der Regel bis 5 kg) dürfen bei den meisten Fluggesellschaften mit in die Kabine. Wiegt der Hund über fünf Kilo höchstens jedoch acht Kilo (so zum Beispiel bei der Lufthansa), darf er nur in einer Pet-Box mit in den Passagierraum. (Achtung: Beim Gewicht zählt die Beförderungsbox mit!) Bei Hapag Lloyd und Condor können Hunde bis sechs Kilogramm für 25 Euro in der Kabine mitfliegen.

Alle anderen Hunde müssen im Gepäckraum reisen. Ob Sie Ihrem Hund diese Tortur allerdings wirklich zumuten wollen, sollten Sie sich gut überlegen. Vor allem bei größeren Hunden mit labilem Kreislauf besteht ein gewisses Risiko, dass sie einen mehrstündigen Flug nicht verkraften und an den Folgen – manchmal auch erst später – versterben.

Der Transportbehälter für einen kleinen Hund, der mit in die Kabine kann, darf die üblichen Maße für das Handgepäck nicht überschreiten. In der Regel sind dies etwa 45 x 40 x 20 cm. Während des gesamten Fluges muss das Tier darin verbleiben. Außerdem ist der Behälter unter dem Sitz zu platzieren, es sei denn, das Bordpersonal lässt eine Ausnahme zu.

Darüber hinaus ist die Anzahl sämtlicher Tiere, die in der Kabine mitgenommen werden dürfen, bei den Fluggesellschaften unterschiedlich begrenzt. Meist dürfen maximal vier Haustiere im Passagierraum mitreisen. Hierbei kann es – je nach Airline – auch verboten sein, dass gleichzeitig Hunde und Katzen in der Kabine mitreisen. Deshalb sollten Sie Ihren Flug so früh wie möglich buchen.

Die Boxen für den Transport Ihres Hundes im Frachtraum müssen groß genug und stabil sein. Das Tier muss sich darin aufrecht hinstellen, bequem drehen und hinlegen können. Außerdem ist vorgeschrieben, dass die Transportbox ausbruchsicher und wasserdicht zu sein hat. Die Luftzufuhr muss von zwei Seiten gewährleistet sein. Selbstverständlich sollte auch jegliche Verletzungsgefahr ausgeschlossen sein.

8. Kaufrecht und Mängelhaftung

Seit 2002 gilt das reformierte Kaufrecht auch für den Tierkauf. Insbesondere die neuen Vorschriften über die sogenannte Mängelhaftung (früher: Gewährleistung) haben bei Hundezüchtern für erhebliche Aufregung und Verunsicherung gesorgt. Nach dem neuen Recht muss ein Züchter nämlich grundsätzlich zwei Jahre für einen bei dem verkauften Hund aufgetretenen Mangel haften, sofern dieser dem Tier bereits bei der Übergabe an den Käufer innewohnte (wie beispielsweise eine angeborene Hüftgelenksdysplasie).

Im Extremfall kann ein Hundekäufer den Hund sogar nach dieser langen Zeit dem Züchter wieder zurückbringen und die Erstattung des Kaufpreises sowie gegebenenfalls Ersatz für die seit dem Kauf für das Tier entstandenen Unkosten verlangen. Zusätzlich trifft den Züchter – sofern es sich um einen sogenannten Verbrauchsgüterkauf (siehe Seite 52) handelte – während der ersten sechs Monate nach dem Verkauf auch noch die Beweislast dafür, dass der Mangel bei Übergabe des Hundes an den Käufer nicht vorgelegen hat (siehe Seite 53).

Aus diesen Gründen wurde die Anwendung des allgemeinen Kaufrechts auf Tiere nicht nur seitens der Hundeverbände und Rassehundevereine scharf kritisiert. Schließlich ist bereits nach gesundem Menschenverstand der Kauf eines Tieres nicht gleichzusetzen mit dem Kauf einer Waschmaschine oder eines Pkws. Immerhin hat der Züchter nach Abgabe des Hundes an den Käufer keinen Einfluss mehr darauf, ob das Tier tatsächlich richtig ernährt, gepflegt und ausgebildet wird.

Da der Gesetzgeber aufgrund der Vorgaben der EU-Verbrauchsgüterkaufrichtlinie für den Tierkauf keine Sonderregelungen treffen konnte, haben inzwischen die Gerichte die einschlägigen Rechtsschriften im

Hinblick darauf, dass es sich beim Tierkauf um Lebewesen handelt, entsprechend ausgelegt. Deshalb erhalten Sie in diesem Kapitel gleichzeitig einen Einblick in den aktuellen Stand der Rechtsprechung.

8.1 Der Hund als Kaufgegenstand

Zwar gelten Tiere gemäß § 90a Satz 1 BGB (Bürgerliches Gesetzbuch) nicht als Sachen, gleichzeitig wird jedoch in Satz 2 dieses Paragraphen bestimmt, dass auf sie grundsätzlich die für Sachen geltenden Vorschriften anzuwenden sind. Dies hat zur Folge, dass auch das allgemeine Kaufrecht auf Tiere grundsätzlich Anwendung findet.

Allerdings hat der Gesetzgeber im Zuge der Schuldrechtsreform darauf hingewiesen (vgl. Bundestags-Drucksache 14/6040, Seite 206 und 245), dass dem wesensmäßigen Unterschied zwischen Tieren und Sachen insbesondere im Rahmen des § 476 BGB (siehe Seite 53), wonach die Beweislastumkehr zu Gunsten des Käufers nicht gilt, wenn die Vermutung mit der Art des Mangels oder der verkauften Sache nicht vereinbar ist, Rechnung getragen werden müsse. Angesichts der spezifischen Veränderlichkeit von Tieren bestehe nämlich gerade keine hohe Wahrscheinlichkeit dafür, dass ein bis zu sechs Monate nach der Übergabe des Tieres auftretender Mangel bereits zum Übergabezeitpunkt vorhanden war. Dementsprechend differenziert der Bundesgerichtshof in seiner neueren Rechtsprechung (vgl. Urteil vom 29.03.2006 – Az.: VIII ZR 173/05) nach der spezifischen Art der Erkrankung eines Tieres oder eines sonstigen Mangels. Das bedeutet letztendlich, dass der Ausgang eines Rechtsstreits um den Mangel eines Tieres stets von den Umständen des Einzelfalls und von der Beweisbarkeit abhängt. Hierfür wird in der Regel ein Sachverständigengutachten unverzichtbar sein.

a) Wann ist der Hundekauf vollzogen?

Für den Hundekauf gilt wie für alle Sachen § 433 des Bürgerlichen Gesetzbuches (BGB) als gesetzliche Vertragsgrundlage. Nach dieser Vorschrift wird der Züchter als Verkäufer durch den Kaufvertrag verpflichtet, dem Hundekäufer den Hund zu übergeben und ihm das Eigentum an dem Tier zu verschaffen, wobei der Hund frei von Sach-

und Rechtsmängeln sein muss. Wann Letzteres der Fall ist, erfahren Sie auf Seite 42.

Im Gegenzuge muss der Hundekäufer dem Züchter den vereinbarten Kaufpreis zahlen und den Hund abnehmen.

Erfüllt der Käufer diese Vertragspflicht nicht, dann können Sie als Verkäufer ihn auf Abnahme des Hundes und Zahlung des Kaufpreises verklagen. Allerdings dürfte es in einem solchen Fall mehr als fraglich sein, ob der Hund bei einem solchen Menschen gut aufgehoben wäre? Ein Kaufvertrag ist übrigens ebenso gültig, wenn er lediglich mündlich geschlossen wurde. Da mündliche Abmachungen bei einer späteren rechtlichen Auseinandersetzung über den Kaufvertrag in der Regel nur schwer zu beweisen sind, sollten Sie beim Hundekauf auf einem schriftlichen Vertrag bestehen. Dies gilt insbesondere im Hinblick auf etwaige Mängelhaftungsansprüche des Käufers.

Durch den bloßen Abschluss des Kaufvertrages wird der Hundekäufer noch nicht tatsächlicher Eigentümer des Tieres, sondern erst, nachdem ihm der Hund vom Züchter übergeben wurde und Einigkeit darüber besteht, dass der Hund in das Eigentum des Käufers übergehen soll. Davor hat der Käufer lediglich einen Rechtsanspruch gegen den Verkäufer, ihm das Tier zu übereignen. Juristisch betrachtet ist er dann aber noch kein Eigentümer des Hundes. Kommt der Züchter dieser Vertragspflicht nicht nach, kann der Käufer ihn verklagen.

Die Unterscheidung zwischen dem reinen Vertragsabschluss und der Eigentumsübertragung kann zum Beispiel in dem folgenden Fall von Bedeutung sein: Der Käufer sucht sich einen erst sechs Wochen alten Welpen aus, schließt mit dem Züchter einen Kaufvertrag und vereinbart den Hund abzuholen, sobald dieser zehn Wochen alt ist. Dabei leistet der Käufer auch schon eine Anzahlung.

Sollte der Züchter den Welpen anschließend anderweitig verkauft und an den anderen Käufer abgegeben haben, weil er etwa meint, der Hund sei dort besser aufgehoben, dann hat der Erstkäufer gegen den Züchter keinen Anspruch auf die Herausgabe dieses Hundes, weil die Übergabe des Tieres durch die Übereignung an den zweiten Käufer faktisch unmöglich geworden ist. Hier kann der Erstkäufer lediglich die Anzahlung zurückverlangen und zusätzlich die Unkosten geltend machen, die ihm im Rahmen dieses fehlgeschlagenen Kaufgeschäfts entstanden sind (zum Beispiel für Telefonate und Fahrten zum Züchter).

Fazit: Ein Hundekauf ist erst ordnungsgemäß abgewickelt, wenn Sie als Verkäufer den Hund an den Käufer übergeben haben, um ihm das Eigentum an dem Tier zu verschaffen und der Käufer seinerseits den vereinbarten Kaufpreis gezahlt hat. Außerdem muss das Tier bei der Übergabe an den Käufer frei von Mängeln (Sach- und Rechtsmängel) sein.

b) Wann liegt ein Mangel des Hundes vor?

Wie bereits zuvor erwähnt, verpflichtet § 433 BGB den Verkäufer, den Kaufgegenstand frei von Sach- und Rechtsmängeln zu verschaffen.

Ein Rechtsmangel dürfte in der Praxis bei einem Hund als Kaufgegenstand eher selten vorkommen, so zum Beispiel, wenn ein Hund verkauft wird, der dem Verkäufer überhaupt nicht gehört. Deshalb wird im Folgenden nur der Sachmangel ausführlich behandelt.

Der Oberbegriff »Sachmangel« umfasst verschiedene Arten von Fehlern, die bei einem Kaufgegenstand auftreten können.

Gemäß § 434 BGB liegt ein solcher zunächst in den Fällen vor, in denen das Tier zum Zeitpunkt der Übergabe nicht die zwischen Verkäufer und Käufer vereinbarte Beschaffenheit aufweist. Dies könnte etwa angenommen werden, wenn eine »zuchttaugliche« Hündin verkauft wird, bei der sich später allerdings herausstellt, dass sie aufgrund einer angeborenen Hormonstörung unfruchtbar ist.

Wurde nichts Spezielles über die Beschaffenheit des Tieres vereinbart, dann kann ein Mangel aber auch dann angenommen werden, wenn sich der Hund nicht für die vertraglich vorausgesetzte Verwendung eignet (zum Beispiel ein Jagdhund, der nicht schussfest ist) oder wenn er sich nicht für die übliche Verwendung eignet oder eine für Tiere dieser Art unübliche Beschaffenheit aufweist.

Nach dem Urteil des Bundesgerichtshofs vom 07.02.2007 (Az.: VIII ZR 266/06) gehört es zu der »üblichen« Beschaffenheit eines Tieres allerdings nicht, dass es in jeder Hinsicht einer biologischen oder physiologischen »Idealnorm« entspricht. Diese Wertung soll dem Umstand Rechnung tragen, dass es sich bei Tieren um Lebewesen handelt, die einer ständigen Entwicklung unterliegen und die – anders als Sachen – mit individuellen Anlagen ausgestattet und dementsprechend mit sich daraus ergebenden unterschiedlichen Risiken behaftet sind. Da gewisse – erworbene oder genetisch bedingte – Abweichungen vom physiologischen Idealzustand bei Lebewesen erfahrungsgemäß häufig vorkommen, müsse der Käufer nach der Rechtsprechung des Bundesgerichtshofs im Regelfall damit rechnen, dass das von ihm erworbene Tier in der einen oder anderen Hinsicht physiologische Abweichungen vom Idealzustand aufweist, wie sie für Lebewesen nicht ungewöhnlich sind. Auch die damit verbundenen Risiken für die spätere Entwicklung des Tieres seien für Lebewesen typisch und stellen für sich genommen noch keinen vertragswidrigen Zustand dar, denn der Verkäufer eines Tieres hafte nicht für den Fortbestand des bei Gefahrenübergang gegebenen Gesundheitszustands. In der Praxis kann allerdings die Abgrenzung problematisch sein, ob lediglich eine physiologische Abweichung vorliegt oder aber eine tatsächliche Abweichung von der üblichen Beschaffenheit, die nach objektiver Käufererwartung bei dem Tier nicht erwartet werden konnte. Dies sind häufig Fälle von Hunden, die zwar rassebedingt eine gewisse Disposition für bestimmte Krankheiten aufweisen (zum Beispiel für Haut- oder Augenerkrankungen), die aber nicht zwingend zu einer tatsächlichen Erkrankung führen müssen. Ob hier ein Sachmangel anzunehmen ist, dürfte im Streitfall davon abhängen, wie groß die Wahrscheinlichkeit dafür ist, dass die Krankheit, für die die Disposition besteht, auch wirklich eintritt. In der Regel muss das Tier hierfür bereits klinische Symptome aufweisen.

Nach der juristischen Kommentarliteratur zu § 434 BGB fällt unter den Begriff der »Beschaffenheit« unter anderem der Gesundheitszustand des Tieres hinsichtlich jeder Art von akuter Krankheit oder Infektion, also generell jeder gesundheitliche Mangel (so zum Beispiel auch Wurmbefall oder Flöhe).

Der Gesetzgeber ist bei der Anwendung des Kaufrechts auf Tiere davon ausgegangen, dass nach den modernen wissenschaftlichen Methoden nachträglich zuverlässig festgestellt werden kann, ob ein aufgetretener Mangel des Tieres bereits zum Zeitpunkt der Übergabe vorlag oder nicht. Für diese Feststellung wird aber im Regelfall ein tiermedizinisches Gutachten erforderlich sein. Langwierige und teure Gerichtsverfahren dürften dadurch vorprogrammiert sein.

Zu der Beschaffenheit zählen auch solche Eigenschaften des Kaufgegenstandes, die der Verkäufer öffentlich oder in der Werbung geäußert hat. Deshalb sollten Züchter vor allem beim Inserieren ihrer Hunde oder bei der Beschreibung der Tiere auf ihren Homepages besser Zurückhaltung üben. Preist ein Züchter beispielsweise einen Wurf »wesensfester« Welpen an, könnte er bereits aufgrund dieser öffentlichen Werbeaussage haftbar gemacht werden, sofern sich die Hunde später stattdessen als ängstlich oder nervenschwach erweisen.

Ein Sachmangel beim Tierkauf liegt außerdem dann vor, wenn ein Züchter einen anderen Hund übereignet, als mit dem Käufer vereinbart war. Dies wäre beispielsweise der Fall, wenn der Käufer einen anderen Welpen übereignet bekommt, als er sich ursprünglich ausgesucht hat. Bei sehr ähnlich aussehenden Welpen empfiehlt es sich, bei der Übergabe noch einmal die Chip-Nummer des Welpen mit der im Kaufvertrag zu vergleichen.

Die Aufzählung der verschiedenen Arten von Sachmängeln, die beim Tierkauf vorkommen können, macht den großen Anwendungsbereich des Mängelhaftungsrechts deutlich. Im Weiteren werden daher verschiedene Möglichkeiten aufgezeigt, unter welchen Voraussetzungen und in welchem Umfang Sie das Haftungsrisiko als Hundezüchter einschränken können.

c) »Neue« und »gebrauchte« Hunde

Die Adjektive »neu« beziehungsweise »gebraucht« klingen im Zusammenhang mit Tieren zwar absolut unpassend, dennoch ist diese Unterscheidung im Hinblick auf das neue Kaufrecht von besonderer Bedeutung. Hiervon hängt es nämlich grundsätzlich ab, wie lange für einen Mangel des Tieres gehaftet werden muss und ab wann der Verkäufer sich auf die Einrede der Verjährung berufen kann.

Für einen »neuen« Hund beträgt die Mängelhaftungsfrist bei dem sogenannten Verbrauchsgüterkauf (hierunter versteht man ein Kaufgeschäft zwischen einem Unternehmer und einem Verbraucher) zwei Jahre, für einen »gebrauchten« Hund kann diese Frist dagegen bis auf ein Jahr verkürzt werden.

Für Verkäufe zwischen Privatpersonen, zwischen Unternehmern oder umgekehrt zwischen einem Verbraucher und einem Unternehmer können dagegen individuell andere Fristen vereinbart werden. Über die Möglichkeiten einer etwaigen Verkürzung der Verjährungsfristen für die Mängelhaftung erfahren Sie mehr auf Seite 66.

Wann es sich nun um einen »neuen« und wann um einen »gebrauchten« Hund handelt, ist im Gesetz nicht geregelt. Nach der juristischen Kommentarliteratur sollen Tiere dann als »neu hergestellt« gelten, wenn sie »bald nach der Geburt« verkauft werden. Der Bundesgerichtshof hat in seinem Urteil vom 15.11.2006 (Az.: VIII ZR 3/06) entschieden, dass ein junges Haustier dann als »neu« gilt, wenn es noch nicht seiner üblichen Verwendung zugeführt worden ist. Bei einer Zuchthündin wäre dies beispielsweise der erste Einsatz zur Zucht oder bei einem Wachhund eine entsprechende Ausbildung. Bei Hundewelpen wird man durchschnittlich bis zur zehnten Lebenswoche davon ausgehen können, dass die Tiere »neu« sind, im Einzelfall auch länger. Für Hunde ist diese Frage allerdings noch nicht höchstrichterlich entschieden worden.

Wurde ein Welpe als Haus- beziehungsweise Familienhund verkauft und wird er später zum Züchter zurückgebracht (zum Beispiel wegen einer bisher nicht bekannten Tierhaarallergie des Käufers), dann kann der Welpe bei zweiten Verkauf als »gebraucht« angesehen werden, weil er bereits auf den Erstkäufer geprägt wurde und neue Lebenserfahrungen aufgenommen hat. Nach dieser Rechtsauffassung, die im Ansatz schon vom Landgericht Aschaffenburg in einem Urteil aus dem Jahre 1989 vertreten wurde, kann man somit bei einem Welpen im gewöhnlichen Abgabealter von acht bis zwölf Wochen stets von einem »neuen« Hund sprechen. Etwas anderes würde allenfalls dann gelten, wenn das Tier bereits in diesem frühen Stadium einen Besitzerwechsel hinter sich hätte, also quasi schon ein Hund aus »zweiter Hand« wäre.

Nach meiner Auffassung sollte allerdings bedacht werden, dass die Weichen für das spätere Verhalten eines Hundes in der frühen Sozialisierungsphase während der ersten Lebenswochen gestellt werden, die in der Regel vor der Abgabe des Tieres an den Käufer abgeschlossen ist. Demzufolge könnte ein Hund durchaus schon zu diesem Zeitpunkt als »gebraucht« bezeichnet werden, was gleichzeitig eine Verkürzung der Verjährungsfrist für die Mängelhaftung beim Verbrauchsgüterkauf auf ein Jahr ermöglichen würde. In einem etwaigen Rechtsstreit könnte es somit lohnenswert sein, diese Rechtsfrage durch das Gutachten eines Verhaltensforschers abklären zu lassen. Sofern Sie aber das damit verbundene Prozess- und Kostenrisiko scheuen, sollten Sie vorsichtshalber von dem unvorteilhafteren Fall ausgehen, dass Sie beim Verkauf eines Welpen im Falle eines Verbrauchsgüterkaufs grundsätzlich zwei Jahre haften müssen.

Ob allerdings ein Junghund, der zunächst bei seinem Züchter geblieben ist und beispielsweise erst mit acht Monaten verkauft werden kann, noch als »neu« anzusehen ist, scheint nach dem zuvor Gesagten mehr als fraglich zu sein. Auch hier kann es unter Umständen eine Rolle spielen, ob und wie der Hund bereits ausgebildet wurde. Die übliche Grundausbildung (wie zum Beispiel Heranrufen, Leinenführigkeit) gehört schließlich zu den Aufgaben eines verantwortungsvollen Züchters, so dass der

Hund bei Abgabe an den Käufer durchaus als »gebraucht« anzusehen wäre. Letztendlich bleibt aber abzuwarten, wie die Rechtsprechung künftig mit dieser Problematik umgehen wird. Der Bundesgerichtshof hat jedenfalls in seinem Urteil vom 15.11.2006 (Az.: VIII ZR 3/06) klargestellt, dass Tiere, die nach »objektiven Maßstäben« noch neu sind, durch einen Unternehmer an einen Verbraucher (sogenannter Verbrauchsgüterkauf) nicht mit der vereinbarten Beschaffenheit »gebraucht« verkauft werden darf, um auf diese Weise eine Abkürzung der Verjährung von Mängelansprüchen des Verbrauchers zu ermöglichen. Was unter den »objektiven Maßstäben« im Einzelfall zu verstehen ist, bleibt Auslegungsfrage des erkennenden Gerichts.

d) Vorsicht bei der Werbung!

Nach dem neuen Kaufrecht muss ein Züchter auch für etwaige Werbeaussagen über seine Hunde haften. Werden also beispielsweise Welpen einer bestimmten Rasse in einem Zeitungsinserat als »besonders kinderlieb« angepriesen und kommt es mit einem dieser Tiere später in der Familie eines Käufers zu einem Beißunfall mit einem Kind, könnte der Züchter unter Umständen wegen eines Mangels des Hundes haftbar gemacht werden. Auch wenn Sie noch so stolz auf bestimmte Eigenschaften Ihrer Hunde sind, sollten Sie deshalb im eigenen Interesse damit keinerlei Werbung betreiben. Dieses gilt natürlich auch für Anpreisungen dieser Art auf Ihrer Homepage. Bedenken Sie stets, dass Sie für jede veröffentlichte Eigenschaft Ihrer Tiere unter Umständen die volle Mängelhaftung übernehmen müssen und dies schlimmstenfalls für zwei Jahre seit dem Verkauf!

e) Auf den Vertrag kommt es an

Wurden im Kaufvertrag bestimmte Eigenschaften eines Hundes vereinbart (zum Beispiel Zuchttauglichkeit, Hütehund) und fehlt dem Tier bei der Übergabe an den Käufer diese Beschaffenheit, dann muss der Verkäufer für diesen Mangel haften. Haben Sie mit dem Käufer keine besondere Vereinbarung über die Beschaffenheit des Hundes getroffen, müssen Sie nach dem Gesetz für einen Mangel des Tieres »nur« haften,

- wenn es sich nicht für die nach dem Vertrag vorausgesetzte Verwendung eignet oder
- wenn es sich nicht für die gewöhnliche Verwendung eignet und eine Beschaffenheit aufweist, die bei Tieren der gleichen Art nicht üblich ist und die der Käufer nach Art der Sache auch nicht erwarten kann.

Auf den Hundekauf bezogen würde im letzteren Fall beispielsweise ein Mangel vorliegen, wenn ein Welpe aufgrund schlechter Aufzuchtbedingungen deutlich kleiner und schwächer ist als vergleichbare Welpen derselben Rasse. Als Beispiel für einen Sachmangel wegen einer Abweichung von dem vertraglich vorausgesetzten Verwendungszweck wird auf den nachfolgenden Fall hingewiesen, über den das Amtsgericht Soest zu entscheiden hatte. Laut Sachverhalt hat der Zuchtverband der Käuferin die Zuchtzulassung des Rüden, der ihr laut Kaufvertrag als Zuchthund verkauft worden war, mit der Begründung verweigert, dass der zweite Hoden des Rüden merklich kleiner sei und sich nach oben bewege. Das Amtsgericht hat hier mit Urteil vom 28.05.2008 (Az.: 14 C 15/07) entschieden, dass ein Hund, der laut Kaufvertrag zur Zucht verwendet werden soll, als mangelhaft anzusehen ist, wenn das Tier von dem zuständigen Zuchtverband abgelehnt wird. Die Käuferin konnte deshalb den Kaufpreis von ursprünglich 800,00 Euro um 575,00 Euro mindern. Zusätzlich wurde der Züchter verurteilt, die Kosten für die Vorstellung des Hundes bei der Zuchtzulassungskommission in Höhe von 96,80 Euro zu ersetzen, weil er – nach Ansicht des Sachverständigen – den Mangel des Rüden als erfahrener Züchter hätte erkennen können und müssen. Dem Züchter hätte deshalb klar sein müssen, dass der Rüde für die Zucht ungeeignet war.

Je nachdem, ob es sich bei dem Verkauf des Tieres um einen sogenannten Verbrauchsgüterkauf zwischen einem Unternehmer und einem Verbraucher oder umgekehrt um einen Verkauf zwischen einem Verbraucher und einem Unternehmer, zwischen zwei »Privatleuten« beziehungsweise zwei Unternehmern handelt, bestehen unterschiedliche Möglichkeiten die Haftung einzuschränken, ja bestenfalls sogar vollständig auszuschließen (vgl. Übersicht auf Seite 66).

Hierfür kommt es entscheidend darauf an, zu welcher Kategorie von Verkäufern Sie zählen, nämlich zu den privaten Hobbyzüchtern oder zu den Züchtern, die als Unternehmer im Sinne des Bürgerlichen Gesetzbuches gelten. Die oftmals nicht ganz einfache Unterscheidung, die nicht identisch ist mit der Frage, ob es sich um einen gewerbsmäßigen oder Hobbyzüchter handelt, wird in dem folgenden Kapitel erläutert.

Ob Sie später für einen Mangel eines verkauften Tieres haften müssen, kann außerdem entscheidend davon abhängen, ob Sie mit dem Käufer einen individuellen Kaufvertrag geschlossen haben oder aber einen sogenannten Formularkaufvertrag, der unter die Vorschriften der §§ 305 ff. BGB über die Gestaltung rechtsgeschäftlicher Schuldverhältnisse durch Allgemeine Geschäftsbedingungen fällt (siehe Seite 50).

Von einem individuell ausgehandelten Vertrag ist in der Regel auszugehen, wenn der Käufer tatsächlich die Möglichkeit hatte, auf den Inhalt des Vertrages Einfluss zu nehmen. Dagegen handelt es sich um Allgemeine Geschäftsbedingungen, wenn die Vertragsbestimmungen für eine Vielzahl von Verträgen bereits vorformuliert wurden. Nach der Rechtsprechung des Bundesgerichtshofs liegt die untere Grenze bei drei bis fünf Verwendungen. Dies könnte beispielsweise bereits der Fall sein, wenn Sie einen identischen Kaufvertrag für die Käufer aller Hunde eines Wurfes vorgefertigt haben. Dabei gelten die gesetzlichen Einschränkungen bei der Benutzung von Allgemeinen Geschäftsbedingungen bereits im ersten Verwendungsfall!

Sofern es sich um einen Verbrauchsgüterkauf handelt, so gelten die Vorschriften über die Allgemeinen Geschäftsbedingungen (§§ 305 ff. BGB) nach § 310 Abs. 3 Nr. 2 BGB bei vorformulierten Vertragsbedingungen auch dann, wenn diese nur für die einmalige Verwendung bestimmt sind.

Unerheblich ist es, ob die Klauseln in die Vertragsurkunde aufgenommen wurden und somit selbst zum Vertragstext werden oder ob sie ein gesonderter Bestandteil des Vertrages sind (zum Beispiel ein Anhang). Benutzen Sie einen von anderer Stelle vorformulierten Kaufvertrag (beispielsweise von Ihrem Rassehundeverein), kommen die Regelungen über die Allgemeinen Geschäftsbedingungen auch dann zur Anwendung, wenn Sie ein solches Vertragsformular ohne Wiederholungsabsicht nur ein einziges Mal ganz oder teilweise benutzen. Dies gilt übrigens auch für Hobbyzüchter.

Viele Züchter sind der Meinung es reiche aus, den vorgefertigten Kaufvertrag mit dem Käufer zu erörtern. Häufig findet man in diesen Fällen auch eine entsprechende Klausel in den Verträgen, dass der Vertragsinhalt ausführlich mit dem Käufer besprochen worden sei. Dies ändert jedoch nichts an der Tatsache, dass es sich hier dennoch um Formularverträge handelt. Wenn Sie vorformulierte Vertragsbedingungen verwenden, dann müssen Sie diese nach der geltenden Kommentarliteratur (vgl. Palandt, Rn. 21 zu § 305 BGB) zumindest inhaltlich ernsthaft zur Disposition stellen und dem Käufer Gestaltungsfreiheit zur Wahrung seiner Interessen einräumen. Die Möglichkeit des Käufers, selbst auf den Vertragsinhalt Einfluss nehmen zu können, muss sich eindeutig aus dem Vertrag ergeben. In dem Kaufvertragsmuster auf Seite 97 wird deutlich gemacht, wie die Individualität der Vertragsvereinbarungen durch entsprechende Möglichkeiten der Einflussnahme durch den Käufer gewahrt bleiben kann. Im Streitfall müssen Sie allerdings beweisen können, dass der Käufer bei Vertragsschluss auch faktisch dazu in der Lage war, was in der Regel nur durch einen unparteiischen Zeugen (zum Beispiel Zuchtwart) möglich sein wird. Ansonsten bleibt Ihnen nur die Möglichkeit, den Kaufvertrag in gegenseitigem Einvernehmen gemeinsam mit dem Käufer individuell aufzusetzen. Dies muss nicht handschriftlich geschehen, sondern kann durchaus auch mit dem Computer geschrieben und anschließend ausgedruckt werden.

8.2 Der Hundezüchter als Verkäufer

Ob und wieweit Sie die gesetzliche Mängelhaftung vertraglich einschränken können, hängt vor allem davon ab, ob Sie nur Hobbyzüchter sind oder als »Unternehmer« im Sinne des § 14 BGB züchten. Sofern Sie als Unternehmer einzustufen sind, handelt es sich beim Verkauf Ihrer Hunde an eine Privatperson (Verbraucher) um sogenannte Verbrauchsgüterkäufe, bei denen eine vertragliche Einschränkung der Mängelhaftung nur sehr begrenzt möglich ist. Für den Verkauf eines Hundes an einen anderen Züchter gelten wiederum andere Vorschriften, die auf Seite 54 behandelt werden.

a) Nur Hobbyzüchter oder schon Unternehmer?

Die Feststellung, ob ein Züchter als Unternehmer züchtet, ist nicht immer einfach zu treffen. Hundehändler, für die der Verkauf der Tiere ein reines Geschäft ist, werden in diesem Ratgeber bewusst ausgeklammert.

Als Unternehmer im Sinne des § 14 BGB gilt jede Person, die bei Abschluss eines Rechtsgeschäfts in Ausübung ihrer gewerblichen oder selbstständigen beruflichen Tätigkeit handelt. Hierzu zählt jeder, der am Markt planmäßig und dauerhaft Leistungen gegen Entgelt anbietet. Auch nebenberufliche unternehmerische Tätigkeiten fallen unter § 14 BGB.

Nach der Begründung zum Schuldrechtsmodernisierungsgesetz (BT-Drs. 14/6040, S. 243) ist der Unternehmerbegriff in § 474 BGB mit dem europäischautonomen Unternehmerbegriff gleichzusetzen, der der Definition des Verkäufers in Art. 1 Abs. 2 Buchst. c der europäischen Verbrauchsgüterkauf-Richtlinie entspricht. Danach gilt als »Verkäufer« jede natürliche oder juristische Person, die aufgrund eines Vertrags im Rahmen ihrer beruflichen oder gewerblichen Tätigkeit Verbrauchsgüter verkauft. Dies hat zur Folge, dass die Unternehmerstellung des Verkäufers nicht von dessen Motivation abhängt, einen Gewinn zu erzielen. Aus diesem Grund ist der Begriff des »Unternehmers« nicht gleichzusetzen mit dem Begriff des »gewerbsmäßigen Züchters«, der mit der Zucht auch eine Gewinnerzielungsabsicht verfolgen muss.

Folgt man dieser sehr weitreichenden Definition des »Unternehmers«, dann dürfte fast jeder Hundezüchter, der mehr oder weniger regelmäßig züchtet, als Unternehmer im Sinne des § 14 BGB anzusehen sein. Die Abgrenzung zum Hobbyzüchter ist im Einzelfall nicht immer leicht.

Leider kann auch die bereits oben (vgl. Seite 29 genannte Entscheidung des Oberverwaltungsgerichts für das Land Nordrhein-Westfalen vom 18.12.2002 (Aktenzeichen: 7 B 1823/02) keinen Aufschluss darüber geben, wann ein Hundezüchter als »Unternehmer« gemäß § 14 BGB anzusehen ist. In diesem Fall hatte zunächst das zuständige Bauamt die Aufzucht und den Verkauf eines Wurfs Welpen mit der Begründung untersagt, dass für das Wohnhaus keine Nutzungsänderung zur gewerblichen Hundezucht vorliege.

Das Oberverwaltungsgericht hielt allerdings die hobbymäßige Hundehaltung und gelegentliche Zucht mit der Wohnnutzung für generell vereinbar. Außerdem erfüllte der Hundehalter die Bedingungen der Wohngebietsverträglichkeit. Auf Grund dessen stellte das Gericht fest, dass ein Züchter, der mit seinen Hunden »gelegentlich« (hier: etwa einmal pro Jahr) Welpen züchtet und diese verkauft, noch keine gewerbliche Hundezucht betreibt.

Da aber der in diesem verwaltungsrechtlichen Prozess behandelte Begriff des »gewerblichen Züchters« nicht identisch ist mit dem Begriff des Unternehmers im Sinne des § 14 BGB, kann diese Gerichtsentscheidung leider keinen absoluten Maßstab für eine Unterscheidung zwischen einem reinem Hobbyzüchter und einem Unternehmer setzen. Deshalb könnte der Beschluss des Oberverwaltungsgerichts lediglich als Auslegungshilfe für § 14 BGB herangezogen werden. Es muss allerdings damit gerechnet werden, dass die Gerichte im Hinblick auf einen umfassenden Verbraucherschutz eine Hobby-Zucht nur in denjenigen Fällen anerkennen werden, in denen lediglich ganz sporadisch ein Wurf Welpen fällt und nicht etwa regelmäßig jedes Jahr. Daraus folgt gleichzeitig, dass die ganz überwiegende Mehrzahl der Hundezüchter grundsätzlich als Unternehmer im Sinne des § 14 BGB anzusehen ist und somit unter die Vorschriften über den Verbrauchsgüterkauf fällt.

b) Wann liegt ein Verbrauchsgüterkauf vor?

Von einem Verbrauchsgüterkauf spricht man, wenn der Verkäufer ein Unternehmer und der Käufer eine Privatperson (Verbraucher) ist und es sich bei dem Kaufgegenstand um eine bewegliche Sache (also keine Immobilie oder ein Recht) handelt. Zwar gibt es ein Urteil des Amtsgerichts Helmstedt (Az.: 3 C 486/02), wonach Tiere keine Verbrauchsgüter sein sollen, jedoch ist diese Rechtsfrage bisher nicht höchstrichterlich entschieden. Das Amtsgericht Helmstedt hat seine Rechtsauffassung damit begründet, dass Tiere grundsätzlich nicht »verbraucht« würden.

Für den Verbrauchsgüterkauf, der in § 474 BGB definiert ist, gelten unter anderem die folgenden Spezialvorschriften:

- Gemäß § 475 Absatz 2 BGB darf die Verjährungsfrist für die gesetzliche Mängelhaftung bei neuen Sachen nicht unter zwei Jahre und für gebrauchte Sachen nicht unter ein Jahr vertraglich verkürzt werden. Das bedeutet nach dem oben Gesagten, dass ein Hundezüchter, der nicht als Hobbyzüchter eingestuft werden kann, in der Regel mindestens ein Jahr für etwaige Mängel an seinen Hunden haften muss. Für »neue« Hunde darf die gesetzliche Verjährungsfrist überhaupt nicht verkürzt werden. Die Unterscheidung zwischen »neuen« und »gebrauchten« Tieren wurde oben (vgl. Seite 45) ausführlich erörtert.

- Nach § 475 Absatz 1 Satz 1 BGB sind solche Vereinbarungen zwischen dem Unternehmer und dem Käufer wirkungslos, wonach bestimmte Mängelansprüche (insbesondere die Rechte des Käufers auf Nacherfüllung, Minderung und Rücktritt) bereits vor dem Auftreten eines Mangels (also beispielsweise schon im Kaufvertrag) ausgeschlossen werden. Dies gilt auch für sogenannte Umgehungsgeschäfte, so zum Beispiel, wenn ein Hundezüchter als Unternehmer einen Hund zunächst an seine Frau verkauft und diese dann als Privatperson das Tier an einen Verbraucher weiterverkauft.

- Gemäß § 476 BGB gilt für Verbrauchsgüterkäufe die sogenannte Beweislastumkehr zu Gunsten des Verbrauchers. Die Folge ist: Zeigt sich innerhalb von sechs Monaten seit Übergabe des Hundes ein Sachmangel, dann wird grundsätzlich vermutet, dass das Tier bereits bei der Übergabe mangelhaft war. Nach dem oben genannten Urteil des Amtsgerichts Helmstedt würde allerdings die Beweislastumkehr beim Tierkauf nicht gelten, weil der Gesetzgeber nicht bewusst geregelt habe, welche Arten von Kaufsachen mit einer Beweislastumkehr unvereinbar seien. Die Klärung dieser Frage sei vielmehr der Rechtsprechung überlassen. Daraus folgt, dass Sie sich in einem Rechtsstreit durchaus auch auf die Rechtsauffassung des Amtsgerichts Helmstedt berufen könnten. Ob das für Sie zuständige Prozessgericht dann aber auch so urteilt, bleibt dahingestellt. Bei Kaufgeschäften zwischen Privatpersonen, Unternehmern oder zwischen einer Privatperson und einem Unternehmer gilt die Beweislastumkehr nicht. Hier muss stets der Käufer beweisen, dass der gekaufte Hund bereits bei der Übergabe einen Mangel hatte. § 476 BGB hat somit in der Regel zur Folge, dass Züchter beim Verbrauchsgüterkauf während der ersten sechs Monate nach Übergabe des Hundes an den Käufer für jeden Mangel des Tieres haften müssen, sofern sie nicht darlegen können, dass der Hund zum Verkaufszeitpunkt mängelfrei war. Unter Umständen kann beim Tierkauf aber die sogenannte Unvereinbarkeitsregel des § 476 BGB greifen. Dies kommt insbesondere bei sich schleichend entwickelnden Krankheiten (zum Beispiel Infektionskrankheiten) in Betracht. Je nach Art der den Mangel verursachenden Krankheit kann die Vermutung, dass das Tier bereits bei der Übergabe mit einem Mangel behaftet war, ausgeschlossen sein (vgl. Urteil des Oberlandesgerichts Hamm vom 03.05.2005, Az.: 19 U 123/04). Die Tatsachen hierfür muss der Züchter darlegen und beweisen.

c) Der Verkauf an einen anderen Züchter

Verkauft ein rechtlich als Unternehmer anzusehender Hundezüchter einen Hund an einen Züchterkollegen, der ebenfalls als Unternehmer gilt, dann finden die auf Seite 53 aufgeführten Regelungen keine Anwendung. Dies hat zur Folge, dass in diesem Fall durch vertragliche Regelungen von den gesetzlichen Vorschriften über den Verbrauchsgüterkauf abgewichen werden kann. Durch individuelle Vertragsvereinbarung dürfen Sie die Mängelhaftung hier sogar völlig ausschließen und brauchen dann nicht für einen später bei dem Hund auftretenden Mangel zu haften. Eine Ausnahme würde lediglich für den Fall gelten, dass Sie einen

Mangel des Tieres arglistig verschwiegen oder eine Garantie für die Beschaffenheit des Hundes übernommen haben (§ 444 BGB). Ein arglistiges Verschweigen wäre beispielsweise anzunehmen, wenn dem Verkäufer bei Abschluss des Kaufvertrages schon bekannt war, dass der Hund an einer bestimmten Krankheit leidet, die für den Käufer nicht ohne weiteres erkennbar war. In diesem Fall könnte der Käufer des kranken Hundes trotz eines vertraglichen Ausschlusses der Mängelhaftung sämtliche Mängelhaftungsrechte in Anspruch nehmen. Diese Ansprüche verjähren erst nach drei Jahren, gerechnet ab dem Zeitpunkt, zu dem der Käufer Kenntnis von dem Mangel des Tieres erlangt hat und unabhängig davon nach zehn Jahren ab Entstehung des Anspruchs.

Ein vertraglicher Ausschluss der Mängelhaftung ist vom Käufer später nicht anfechtbar, wenn er beim Abschluss des Kaufvertrages den Mangel des Hundes bereits kannte oder ihm dieser infolge grober Fahrlässigkeit verborgen geblieben ist. Letzteres könnte etwa angenommen werden, wenn der Hund ein »Fischauge« hat, das dem Käufer auch ohne Untersuchung des Tieres hätte auffallen müssen.

Anders ist die Rechtslage beim Haftungsausschluss, wenn Sie sogenannte Formularverträge (zum Beispiel von Ihrem Rassehundeverein) verwenden. Dann müssen Sie in bestimmten Fällen die Vorschriften des § 309 BGB einhalten – vorausgesetzt, dass die zu verkaufenden Hunde als »neue Sachen« anzusehen sind (für gebrauchte Sachen gelten diese Regelungen nicht!). Nach diesem Gesetz sind bestimmte Allgemeine Geschäftsbedingungen (AGB) unwirksam.

Dieses gilt unter anderem für solche Klauseln, wonach:

- die Mängelansprüche des Käufers gemäß § 437 BGB (Nacherfüllung, Minderung, Rücktritt und Schadensersatz) vollständig ausgeschlossen werden;

- die Mängelhaftung auf die Nacherfüllung beschränkt wird und dem Käufer nicht ausdrücklich das Recht vorbehalten bleibt, im Falle der fehlgeschlagenen Nacherfüllung zu mindern oder vom Vertrag zurückzutreten;

- die Pflicht des Verkäufers zur Übernahme der Kosten der Nacherfüllung ausgeschlossen oder beschränkt wird;

- die Nacherfüllung davon abhängig gemacht wird, dass das Entgelt für den Kaufgegenstand bereits vollständig oder zu einem unter Berücksichtigung des Mangels unverhältnismäßig großen Teils entrichtet wurde;

- die Verjährungsfrist für die Mängelhaftung auf weniger als ein Jahr abgekürzt wird.

Ist der zu verkaufende Hund rechtlich als »gebraucht« anzusehen (vgl. Seite 45), dann dürfen Sie die Mängelhaftungsfrist sowohl per AGB als auch durch individuelle Vereinbarung auf Null verkürzen.

d) Der Hobbyzüchter als Verkäufer

Sind Sie im rechtlichen Sinne lediglich Hobbyzüchter und nicht Unternehmer im Sinne des § 14 BGB (vgl. Seite 51), dann können Sie im Wege eines individuell aufgesetzten Kaufvertrages die Sachmängelhaftung für das verkaufte Tier grundsätzlich vollständig ausschließen und die Verjährungsfrist für die Mängelhaftung »auf Null« verkürzen.

Von einem Haftungsausschluss ausgenommen sind allerdings die Fälle, in denen der Verkäufer einen Mangel des Tieres arglistig verschwiegen oder eine Garantie für eine bestimmte Beschaffenheit des Hundes übernommen hat (vgl. Seite 68). Verwenden Sie einen vorformulierten Vertrag (sogenannter Formularvertrag), sind auch bei einem Verkauf unter Privatpersonen die Vorschriften über die Allgemeinen Geschäftsbedingungen zu berücksichtigen (§§ 305 ff. BGB). Deshalb Vorsicht bei der Verwendung vorgefertigter Kaufvertragsvordrucke (beispielsweise Ihres Rassehundevereins)! Insoweit wird ausdrücklich auf die Hinweise zur Vertragsgestaltung auf Seite 92 verwiesen.

Auf Grund dieser Rechtslage gilt das auf Seite 55 Gesagte auch hier: Ein genereller Ausschluss der Mängelansprüche des Käufers sowie eine Verkürzung der Verjährungsfrist für die Mängelhaftung »auf Null« ist bei Formularverträgen nur zulässig, wenn es sich um einen »gebrauchten« Hund handelt. Die Unterscheidung zwischen einem »neuen« und einem »gebrauchten« Hund ist jedoch in der Rechtsprechung nicht eindeutig geklärt (vgl. Seite 45).

Verkaufen Sie einen »neuen« Hund, dann dürfen Sie bei der Verwendung Allgemeiner Geschäftsbedingungen – ebenso wie ein Unternehmer – die Verjährungsfrist für die Mängelhaftung höchstens auf ein Jahr abkürzen. Eine Ausnahme könnte allenfalls für die Fälle gelten, in denen Sie den Hund an einen Unternehmer im Sinne des § 14 BGB verkaufen.

Da Unternehmer bei Rechtsgeschäften mit Privatpersonen grundsätzlich nicht den besonderen Schutz vor Übervorteilung genießen (vgl. Seite 67), könnte hier eine Verkürzung der Verjährungsfrist für die Mängelhaftung »auf Null« zulässig sein.

Daneben gelten auch die übrigen auf Seite 55 genannten Einschränkungen, nach denen bestimmte Vertragsklauseln unwirksam sind.

8.3 Die Mängelhaftung

Durch die Schuldrechtsreform 2002 wurde unter anderem das frühere Gewährleistungsrecht durch ein neu gestaltetes Mängelhaftungsrecht abgelöst. Im Mittelpunkt des neuen Mängelhaftungsrechts steht der Begriff der Pflichtverletzung, an den sich eine Reihe verschiedener Ansprüche knüpfen. Als Pflichtverletzung gilt grundsätzlich jede Abweichung von den zwischen den Vertragsparteien getroffenen Vereinbarungen oder von den zu erfüllenden gesetzlichen Bestimmungen (wie zum Beispiel § 433 BGB über die vertragstypischen Pflichten beim Kaufvertrag).

Eine Pflichtverletzung im Sinne des neuen Kaufrechts liegt deshalb stets vor, wenn dem Käufer eine mangelhafte (also mit einem Mangel behaftete) Sache übergeben wurde (vgl. Seite 41). Haben Sie dem Käufer also einen Hund verkauft, an dem sich innerhalb der Mängelhaftungsfrist ein Mangel zeigt (wie etwa ein Herzfehler), dann kann der Käufer die nachfolgend beschriebenen Ansprüche gegen Sie geltend machen.

a) Welche Rechte hat der Käufer?

Ist eine Sache mangelhaft, hat der Käufer gemäß § 437 BGB im Regelfall, und soweit nichts anderes vereinbart wurde, zunächst ein Recht auf Nacherfüllung. Scheidet eine Nacherfüllung aus bestimmten Gründen aus, hat der Käufer wahlweise ein Rücktrittsrecht, einen Anspruch auf Minderung des Kaufpreises und/oder einen Schadensersatzanspruch beziehungsweise einen Anspruch auf Ersatz vergeblicher Aufwendungen. Im Einzelnen sind diese Käuferrechte so ausgestaltet:

- **Die Nacherfüllung (§ 437 Nr. 1 BGB)**
  Bei der sogenannten Nacherfüllung handelt es sich quasi um die erste Stufe des Mängelhaftungsrechts. Eine Nacherfüllung (§ 439 BGB) kann nach Wahl des Käufers entweder in einer Beseitigung des Mangels oder in der Lieferung einer mangelfreien Sache bestehen. War der verkaufte Hund also zum Zeitpunkt der Übergabe an den Käufer zum Beispiel bereits krank, dann kann der Käufer das Tier zu Ihnen zurückbringen und von Ihnen verlangen, dass Sie den Hund zunächst auf Ihre Kosten vom Tierarzt behandeln lassen, bis er gesund wieder an den Käufer zurückgegeben werden kann. Für die Nacherfüllung muss der Käufer dem Verkäufer grundsätzlich eine angemessene Frist einräumen. Anderenfalls kann er seine Mängelhaftungsansprüche verwirken. So hat etwa das Amtsgericht Blomberg (Az.: 4 C 40/06) in einem Fall, in dem der Hundekäufer dem Züchter keine Nachfrist zur Behandlung des kranken Hundes gesetzt hatte, Ersatzansprüche für die tierärztliche Behandlung abgesprochen. Nach dem Sachverhalt wurde bei dem Welpen bereits vor dem Verkauf ein Nabelbruch festgestellt. Der behandelnde Tierarzt verneinte allerdings eine Behandlungsbedürftigkeit, weil der Nabelbruch von allein verwachsen könne. Als der Nabelbruch jedoch sechs Wochen nach der Übergabe immer noch vorhanden war, ließ der Hundekäufer

das Tier operieren, ohne dem Züchter zuvor eine Nachfrist zur Nacherfüllung einzuräumen. Das Gericht lehnte die Klage des Hundebesitzers auf Erstattung der Tierarztkosten deshalb ab.

Kommt es dem Käufer nicht auf einen »speziellen« Hund an, kann er ansonsten – sofern möglich – auch die Lieferung eines anderen, mängelfreien Hundes von Ihnen fordern. Dieses wäre etwa denkbar, wenn noch weitere Welpen eines Wurfes zum Verkauf zur Verfügung stehen und es dem Käufer nicht auf ein bestimmtes Tier ankommt. Sie müssten in diesem Fall also den kranken Welpen gegen einen gesunden umtauschen. Zusätzlich kann der Käufer von Ihnen noch den Ersatz seiner Aufwendungen beanspruchen, die ihm im Zusammenhang mit der Nacherfüllung entstanden sind. Hierunter fallen beispielsweise vom Käufer aufgebrachte Tierarztkosten (etwa für die Feststellung der Krankheitsursache) oder die Transportkosten für das kranke Tier.

Sie können als Verkäufer allerdings die Nacherfüllung verweigern, wenn diese nur mit unverhältnismäßig hohen Kosten verbunden wäre, so zum Beispiel wenn die Tierarztkosten bei weitem höher sind als der Kaufpreis des Hundes. Wann allerdings die Grenze der Verhältnismäßigkeit erreicht ist, kann im Einzelfall streitig sein. Der Kaufpreis ist aber nicht die Obergrenze! Eine Nacherfüllung kann jedoch auch schlichtweg unmöglich sein, so etwa wenn ein als Zuchtrüde verkaufter Hund einen angeborenen Zahnfehler hat und somit aufgrund dieses Mangels für die spätere Verwendung in der Zucht ausscheidet.

Schlägt eine Nacherfüllung fehl, ist sie aus tatsächlichen Gründen unmöglich (wie in dem Beispiel mit dem Zuchthund, der einen angeborenen Zahnfehler hat) oder kann der Verkäufer die Nacherfüllung (beispielsweise wegen unverhältnismäßig hoher Kosten) berechtigterweise verweigern, dann darf der Käufer vom Kaufvertrag zurücktreten oder den Kaufpreis mindern. Eine Nacherfüllung gilt in der Regel dann als fehlgeschlagen, wenn entsprechende Versuche zwei Mal erfolglos geblieben sind. Das wäre beispielsweise der Fall, wenn der kranke Hund bereits zwei Mal vergeblich tierärztlich behandelt worden ist, ohne dass das gesundheitliche Problem behoben wurde. Der Käufer kann ebenfalls von seinen Rechten auf Rücktritt vom Vertrag, Minderung und Schadensersatz Gebrauch machen, wenn ihm die Nacherfüllung nicht zumutbar ist (§ 440 BGB). Dieser Fall könnte etwa vorliegen, wenn der Hund akut schwer erkrankt ist, so dass eine schnelle tierärztliche Versorgung des Tieres vor Ort erforderlich ist (zum Beispiel bei einem an Parvovirose erkrankten Welpen). Hier wäre ein Rücktransport des Hundes zum Verkäufer zum Zwecke der Nacherfüllung für den Käufer – nicht zuletzt bereits unter tierschutzrechtlichen Aspekten – unzumutbar. In einem derartigen Notfall darf der Käufer ohne die ansonsten erforderliche Nachfrist zur Nacherfüllung das kranke Tier sofort tierärztlich behandeln lassen und kann anschließend die Tierarztkosten im Wege des Schadensersatzes vom Verkäufer ersetzt verlangen. Dies gilt laut Urteil des Landgerichts Essen (Az.: 13 S 84/03) selbst dann, wenn der Käufer im Kaufvertrag auf die Erstattung solcher Tierarztkosten verzichtet hat.

Das Recht des Käufers auf Nacherfüllung darf beim Verbrauchsgüterkauf (das ist der Fall, wenn Sie als Züchter Unternehmer im Sinne des BGB sind und an eine Privatperson verkaufen) nicht vertraglich ausgeschlossen werden. Ebenso wenig dürfen Sie bei dem Verkauf eines »neuen« Hundes den Nacherfüllungsanspruch des Käufers in einem Formularkaufvertrag ausschließen. Gemäß § 309 Nr. 8b), dd) BGB darf die Nacherfüllung auch nicht davon abhängig gemacht werden, dass der Käufer bereits den vollen Kaufpreis oder zumindest einen im Hinblick auf den entdeckten Mangel unverhältnismäßig großen Teil gezahlt hat.

Des Weiteren dürfen Sie im Wege einer Allgemeinen Geschäftsbedingung nicht die Übernahme der Kosten für die Nacherfüllung ausschließen oder beschränken (§ 309 Nr. 8b), cc) BGB).

- **Der Rücktritt vom Vertrag (§ 437 Nr. 2, 1. Halbsatz BGB)**
  Erklärt der Käufer seinen Rücktritt vom Vertrag, müssen Sie den Hund wieder zurücknehmen und ihm den Kaufpreis erstatten. Der Käufer kann von seinem Rücktrittsrecht stets dann Gebrauch machen, wenn eine Nacherfüllung entweder fehlgeschlagen oder für ihn unzumutbar ist. Haben Sie als Verkäufer die Nacherfüllung aus den oben genannten Gründen verweigert, hat der Käufer ebenfalls ein Rücktrittsrecht.

Der Käufer darf den Rücktritt vom Kaufvertrag durch einfache Erklärung gegenüber dem Verkäufer geltend machen. Auf ein Einverständnis des Verkäufers kommt es dabei nicht an. Das bedeutet für Sie als Verkäufer, dass Sie dieser Forderung des Käufers grundsätzlich nachkommen und den Hund zurücknehmen müssen.

Allerdings sieht das Gesetz in § 323 Absatz 5 Satz 2 BGB eine Ausnahme für den Fall vor, dass es sich lediglich um einen unerheblichen Mangel handelt (wie zum Beispiel einen Wurmbefall des Hundes). Hier ist ein Rücktritt des Käufers vom Vertrag nicht zulässig.

Neben seinem Rücktrittsrecht kann dem Käufer nach dem neuen Schuldrecht außerdem ein Schadensersatzanspruch zustehen. Das heißt, er könnte beispielsweise sämtliche Kosten von Ihnen geltend machen, die ihm im Zusammenhang mit dem Kauf des Hundes entstanden sind (zum Beispiel Futter- und Tierarztkosten, Telefon- und Portogebühren). Unter bestimmten Voraussetzungen kann der Käufer auch vom Vertrag zurücktreten und Schadensersatz statt der Leistung verlangen.

Handelt es sich um einen Verbrauchsgüterkauf, dann darf das Rücktrittsrecht nicht zum Nachteil des Käufers ausgeschlossen werden. Bei Verwendung eines Formularkaufvertrages darf das Rücktrittsrecht bei dem Verkauf eines »neuen« Hundes gemäß § 309 Nr. 8b), aa) BGB ebenfalls nicht vollständig ausgeschlossen werden. Dagegen verstößt eine Beschränkung der Sachmängelhaftung im Wege Allgemeiner

Geschäftsbedingungen auf Rücktritt unter Ausschluss der Minderung nicht gegen dieses Verbot.

Unwirksam wäre dagegen eine Reduzierung der Haftung auf die Minderung bei gleichzeitigem Ausschluss des Rücktrittsrechts.

Tritt der Käufer noch vor der Übergabe des Hundes von dem Kaufvertrag zurück, dann kann er eine eventuell geleistete Anzahlung von dem Züchter zurückverlangen. Dies gilt nach einem Urteil des Amtsgerichts Pinneberg (Az.: 63 C 120/08) auch, wenn im Kaufvertrag ein sogenanntes »Reuegeld« vereinbart wurde. In dem dort zugrunde liegenden Fall hat das Gericht entschieden, dass ein vereinbartes »Reuegeld« in Höhe von 500 Euro eine unangemessene Benachteiligung des Käufers darstelle, weil es mehr als die Hälfte des vereinbarten Kaufpreises betrage. Dies sollten Sie bei Ihrer Vertragsgestaltung unbedingt berücksichtigen.

- **Die Minderung des Kaufpreises § 437 Nr. 2, 2. Halbsatz BGB**
  Statt des Rücktritts vom Kaufvertrag darf der Käufer in den oben genannten Fällen, in denen eine Nacherfüllung nicht zum Tragen kommt, wahlweise auch eine Minderung des Kaufpreises gemäß § 441 BGB verlangen. Voraussetzung hierfür ist ebenso wie beim Rücktrittsrecht, dass eine Nacherfüllung nicht in Betracht kommt beziehungsweise erfolglos verlaufen ist. Grundsätzlich ist eine Minderung des Kaufpreises auch bei nur geringfügigen Mängeln zulässig, zum Beispiel wenn der Hund bereits bei der Übergabe an den Käufer Flöhe hatte, die durch eine relativ einfache Behandlung mit einem Anti-Floh-Mittel beseitigt werden können.

Der Kaufpreis ist in dem Verhältnis herabzusetzen, in welchem der Wert des Hundes in mangelfreiem Zustand zu dem wirklichen Wert zum Zeitpunkt des Vertragsabschlusses gestanden haben würde. Auf unser Beispiel bezogen müsste der Kaufpreis zumindest um die Kosten des Anti-Floh-Mittels sowie gegebenenfalls entstandener Tierarztkosten reduziert werden. Unter Umständen muss die Höhe der Kaufpreisminderung im Wege einer Schätzung ermittelt werden. Hat der Käufer Ihnen bereits den vollen Kaufpreis für den Hund gezahlt, sind Sie verpflichtet, den über dem geminderten Preis liegenden Mehrbetrag dem Käufer zu erstatten. Im Übrigen behält der Kaufvertrag seine Geltung.

Durch die Minderung sind Schadensersatzansprüche ausgeschlossen, die der Käufer statt der Lieferung eines fehlerfreien Hundes haben könnte. Hierzu erfahren Sie nachfolgend mehr. Dagegen ist ein Schadensanspruch des Käufers neben der Minderung (zum Beispiel für Medikamente und Tierarztkosten) nicht ausgeschlossen.

In der Praxis spielt das Minderungsrecht des Käufers die größte Rolle. Das Recht des Käufers zur Minderung des Kaufpreises darf beim Verbrauchsgüterkauf nicht ausgeschlossen werden. Bei der Verwendung eines »Formularkaufvertrages« ist ein Ausschluss des Minderungsrechtes gemäß § 309 Nr. 8b), aa) BGB unwirksam, sofern es sich um den Verkauf eines »neuen« Hundes handelt.

- **Schadensersatzansprüche des Käufers (§ 437 Nr. 3 BGB)**
  Bei einem Mangel des Hundes hat der Käufer grundsätzlich auch einen Rechtsanspruch auf Schadensersatz. Als Alternative zum Schadensersatz kann der Käufer einen Ersatz vergeblicher Aufwendungen geltend machen. Die Schadensersatzansprüche nach § 437 Nr. 3 BGB können je nach Lage des Falles sowohl neben als auch anstatt der übrigen Mängelansprüche des Käufers bestehen. Der Anspruch auf Schadensersatz neben der Leistung umfasst alle Schäden, die durch den Mangel des Tieres entstanden sind und durch die Nacherfüllung nicht beseitigt werden können (zum Beispiel Transport- beziehungsweise Fahrtkosten, Telefon- und Portogebühren, Gutachterkosten). Demgegenüber kommt Schadensersatz statt der Leistung in den Fällen in Betracht, in denen der Mangel durch die Nacherfüllung ausgeglichen werden könnte (zum Beispiel durch eine Operation oder andere medizinische Maßnahmen). Hierfür muss der Käufer dem Verkäufer eine angemessene Frist setzen.

Voraussetzung für die Ersatzpflicht des Verkäufers ist zunächst, dass er eine Pflichtverletzung begangen hat. Diese besteht im Kaufrecht grundsätzlich bereits in der Übergabe einer mangelhaften Sache an den Käufer. Allerdings ist es für die Haftung des Verkäufers erforderlich, dass er den Mangel verursacht hat, ihn beim Abschluss des Kaufvertrages kannte oder hätte kennen müssen. Einfache Fahrlässigkeit ist dabei bereits ausreichend. Deshalb sind Sie nach § 280 Abs. 1 S. 2 BGB nicht schadensersatzpflichtig, wenn Sie den Mangel des Hundes nicht zu vertreten haben. So hat beispielsweise das Landgericht Kleve (Az.: 5 S 99/03) entschieden, dass der Käufer eines Hundes, bei dem später ein angewölftes Hüftleiden festgestellt wurde, vom Züchter zwar den Kaufpreis, nicht aber die notwendigen Operationskosten für mehrere erforderlich gewordene Operationen zurückverlangen kann. Das Gericht begründete dies damit, dass der Züchter beim Abschluss des Kaufvertrages das Leiden des Hundes nicht habe erkennen können.

Zum Begriff des »Verschuldens« eines Züchters hat der Bundesgerichtshof in seinem Urteil vom 22.06.2005 (Az.: VIII ZR 281/04) wichtige Feststellungen getroffen. Danach hat ein Züchter nicht schlechthin für eventuelle genetische Fehler eines Hundes einzustehen. Er trägt vielmehr nur dann die Verantwortung für die genetischen Ursachen einer Fehlentwicklung des Tieres, wenn er bei der Zucht die im Verkehr erforderliche Sorgfalt außer Acht gelassen und dadurch fahrlässig gehandelt hat. Letzteres könnte beispielsweise angenommen werden, wenn der Züchter sich bei der Auswahl des Deckrüden nicht eingehend über dessen etwaige Mängel informiert.

Der Bundesgerichtshof hat in einem weiteren Urteil gleichen Datums (Az.: VIII ZR 1/05) außerdem entschieden, dass ein Käufer Schadensersatz statt der Leistung auch ohne eine vorherige Fristsetzung zur Nacherfüllung geltend machen kann, sofern es sich bei der Erkrankung des Hundes um einen Notfall handelt und der Zustand des Tieres eine unverzügliche tierärztliche Behandlung erfordert (vgl. Seite 60), die vom Verkäufer nicht rechtzeitig veranlasst werden könnte. Der

Käufer kann in diesem Fall das Tier bei seinem eigenen Tierarzt behandeln lassen und von dem Verkäufer die hierfür entstandenen Kosten als Schadensersatz geltend machen. Das Landgericht Essen hat in einem so gelagerten Verfahren entschieden (vgl. Urteil vom 04.11. 2003, Az.: 13 S 84/03), dass der Schadensersatz für die Tierarztkosten sogar den Wert des Hundes um ein Vielfaches übersteigen darf!

Hat der Käufer den Kaufpreis gemindert, dann kann er lediglich einen Schadensersatz neben der Leistung verlangen, wie zum Beispiel für die Kosten eines tierärztlichen Gutachtens zur Feststellung der Ursachen der Erkrankung des Hundes. Beim Rücktritt vom Kaufvertrag kann dem Käufer sowohl anstatt als auch neben der Leistung ein Schadensersatzanspruch zustehen. Dieser umfasst alle Kosten, die der Käufer im Vertrauen auf eine ordnungsgemäße Abwicklung des Kaufes investiert hat. Hierzu zählen beispielsweise Fahrt- und Übernachtungskosten für die Abholung des Hundes oder Tierarztkosten.

Wie bereits zuvor erwähnt, kann der Käufer nur dann Schadensersatz geltend machen, wenn Sie den Mangel an dem verkauften Tier verschuldet, also zu vertreten haben. Ob tatsächlich ein Verschulden Ihrerseits nachgewiesen werden kann, ist letztendlich Beweisfrage und wäre gegebenenfalls in einem Gerichtsverfahren zu klären. Haben Sie dem Käufer allerdings eine bestimmte Eigenschaft des Tieres (beispielsweise die Zuchttauglichkeit) zugesichert, dann müssen Sie im Fall des Fehlens dieser Eigenschaft ebenfalls dafür einstehen. Die Zusicherung einer Eigenschaft gilt gemäß § 276 Absatz 1 Satz 1 BGB nämlich als Garantie, mit der Folge, dass Sie sogar unabhängig von einem Verschulden haften müssen. Deshalb ist von der Zusicherung bestimmter Eigenschaften eines Hundes stets abzuraten!

Statt eines Schadensersatzes kann der Käufer gemäß § 437 Nr. 3 BGB von Ihnen auch den Ersatz vergeblicher Aufwendungen (§ 284 BGB) fordern. Hierunter können beispielsweise Kosten fallen, die für die Ausbildung des Hundes (beispielsweise zum Jagdhund) entstanden sind, der später jedoch zurückgegeben wurde.

b) Die unterschiedlichen Verjährungsfristen

Gemäß § 438 Absatz 1 Ziffer 3 BGB müssen Sie als Verkäufer grundsätzlich für die Dauer von zwei Jahren seit der Übergabe des Hundes an den Käufer für Mängel des Tieres haften. Macht ein Käufer nach diesem Zeitraum einen Mängelanspruch geltend, können Sie sich auf die Einrede der Verjährung berufen.

Diese allgemeine Verjährungsfrist kann je nach Art des Kaufgegenstandes, des Vertrages sowie der beteiligten Vertragsparteien (Privatpersonen oder Unternehmer) verkürzt oder sogar »auf Null« reduziert werden. Die Tabelle auf der folgenden Seite gibt Ihnen einen Überblick über die möglichen Fallkonstellationen:

Vertrags-parteien	Kauf-gegen-stand (Hund)	gesetzl. Verjäh-rungsfrist für Mängel-haftung	Verkürzung durch individuelle Verein-barung	Verkürzung durch AGB
Verkäufer = Unternehmer Käufer = Privatperson (VerbrGKauf) [1]	neu	2 Jahre	nicht zulässig	nicht zulässig
	gebraucht	2 Jahre	auf 1 Jahr zulässig	auf 1 Jahr zulässig
Verkäufer = Privatperson (Hobbyzüchter) Käufer = Unternehmer	neu	2 Jahre	auf 0 zulässig	unter Umständen auf 0 zulässig [2]
	gebraucht	2 Jahre	auf 0 zulässig	auf 0 zulässig
Verkäufer = Unternehmer Käufer = Unternehmer	neu	2 Jahre	auf 0 zulässig	auf 1 Jahr zulässig [3]
	gebraucht	2 Jahre	auf 0 zulässig	auf 0 zulässig
Verkäufer = Privatperson (Hobbyzüchter) Käufer = Privatperson	neu	2 Jahre	auf 0 zulässig	auf 1 Jahr zulässig
	gebraucht	2 Jahre	auf 0 zulässig	auf 0 zulässig

[1] Verbrauchsgüterkauf

[2] Die Rechtslage ist hier nicht ganz eindeutig. Da die Vorschriften des § 309 BGB gemäß § 310 Absatz 1 BGB mangels eines besonderen Schutzbedürfnisses grundsätzlich nicht gegenüber einem Unternehmer anzuwenden sind, könnte in den Fällen, in denen der Verkäufer eine Privatperson (zum Beispiel ein Hobbyzüchter) ist und der Käufer ein Unternehmer im Sinne des § 14 BGB eine Reduzierung der Verjährungsfrist für die Mängelhaftung »auf Null« zulässig sein. Es bleibt insofern abzuwarten, wie die Rechtsprechung sich diesbezüglich entwickeln wird.

[3] Bei dieser Fallkonstellation soll nach der Kommentarliteratur § 309 Nr. 8b), ff) BGB grundsätzlich anwendbar sein. Allerdings wird auch hier erst die Rechtsprechung für Klarheit sorgen.

Hat der Verkäufer einen Mangel des Tieres arglistig verschwiegen, dann muss er gemäß § 438 Absatz 3 Satz 1 BGB sogar drei Jahre lang für diesen Fehler haften. Diese Verjährungsfrist beginnt erst mit dem Schluss des Jahres, in dem der Anspruch des Käufers auf Mängelhaftung entstanden ist und der Käufer von den Umständen, die seinen Anspruch begründen, Kenntnis erlangt hat oder ohne grobe Fahrlässigkeit hätte Kenntnis erlangen müssen. Unabhängig von der Kenntnis des Käufers verjähren Ansprüche in einem solchen Fall in zehn Jahren seit ihrer Entstehung.

Das Verschweigen eines Mangels kann sowohl durch aktives Tun als auch durch das Unterlassen eines Hinweises auf den vorhandenen Fehler des Tieres geschehen. Die Arglist ist dann gegeben, wenn der Verkäufer den Mangel tatsächlich kannte. Eine fahrlässige Unkenntnis genügt hierfür nicht. Dem Verschweigen steht es gleich, wenn der Verkäufer eine bestimmte Beschaffenheit des Tieres oder eine nicht vorhandene Mängelfreiheit vorspiegelt. Dies wäre etwa der Fall, wenn der Verkäufer behaupten würde, der zu verkaufende Hund sei kerngesund, obwohl ihm bekannt ist, dass das Tier an einem Herzklappenfehler leidet. Wurde ein Mangel des Hundes arglistig verschwiegen, dann ist gemäß § 444 BGB auch ein individuell mit dem Käufer vereinbarter Haftungsausschluss unwirksam.

c) Wann darf die Mängelhaftung ausgeschlossen werden?

Die Mängelhaftung darf sowohl für »neue« als auch für »gebrauchte« Hunde nur in den folgenden Fallkonstellationen im Wege individueller Vertragsvereinbarungen vollständig ausgeschlossen werden:

- Verkäufer und Käufer sind beide Privatpersonen und nicht Unternehmer im Sinne des § 14 BGB (der Verkäufer dürfte also lediglich Hobbyzüchter sein);

- Verkäufer und Käufer sind beide Unternehmer im Sinne des § 14 BGB (zum Beispiel Verkauf eines Hundes von Züchter zu Züchter);

- der Verkäufer ist Privatperson (beispielsweise Hobbyzüchter) und der Käufer ist Unternehmer im Sinne des § 14 BGB (also ein Züchter, der mit gewisser Regelmäßigkeit züchtet).

Wird in diesen Fällen dagegen ein Formularkaufvertrag verwendet, ist wegen § 309 BGB zumindest beim Verkauf »neuer« Hunde ein völliger Ausschluss der Mängelansprüche des Käufers grundsätzlich unzulässig. Die Verjährungsfrist für die Mängelansprüche darf in der Regel nicht weniger als ein Jahr betragen (§ 309 Nr. 8b), ff). Kann der zu verkaufende Hund allerdings als »gebraucht« angesehen werden, dann ist ein vollständiger Ausschluss der Mängelansprüche sogar im Wege eines Formularkaufvertrages zulässig und die Verjährungsfrist darf »auf Null« reduziert werden. Die Ansprüche des Käufers aufgrund arglistiger Täuschung beziehungsweise arglistigen Verschweigens eines Mangels des Hundes bleiben hiervon natürlich unberührt.

d) Wer trägt die Beweislast?

Im Regelfall muss der Käufer beweisen, dass der Mangel des Hundes bereits zum Zeitpunkt der Übergabe vorhanden gewesen ist. Hierfür wird im Streitfall oftmals ein Sachverständigengutachten erforderlich sein. Leidet der Hund beispielsweise an einer Infektionskrankheit (wie zum Beispiel Zwingerhusten), dann müsste durch eine Begutachtung des Tieres geklärt werden, ob die Infektion schon zum Übergabezeitpunkt vorgelegen hat und die Krankheit dann erst bei dem Hund ausgebrochen ist, als er sich in der Obhut des Käufers befand.

Diese allgemeine Beweislastregel gilt dann, wenn Sie Hobbyzüchter sind und einen Hund an eine Privatperson oder an einen Unternehmer im Sinne des § 14 BGB verkaufen. Aber auch wenn Sie als Züchter unter den Unternehmerbegriff des BGB fallen und ein Tier an einen anderen Unternehmer im Sinne des § 14 BGB verkaufen, kommt diese allgemeine Beweislastregel zum Tragen.

Lediglich bei einem Verbrauchsgüterkauf hat der Gesetzgeber für den Käufer eine zeitlich begrenzte Beweislastumkehr vorgesehen. Gemäß §

476 BGB wird für den Fall, dass der Kaufgegenstand innerhalb von sechs Monaten seit der Übergabe an den Käufer einen Sachmangel aufweist, vermutet, dass die Sache bereits zum Zeitpunkt der Übergabe mit diesem Mangel behaftet war. Ob die Beweislastumkehr beim Verbrauchsgüterkauf auch beim Tierkauf gilt, wurde allerdings in einem Urteil des Amtsgerichts Helmstedt angezweifelt (vgl. Seite 54). Eine höchstrichterliche Entscheidung über diese Rechtsfrage steht bisher aus.

Die Beweislastumkehr kommt jedoch nicht zum Tragen, wenn diese Vermutung mit der Art der Sache oder des Mangels unvereinbar ist. Dieses könnte etwa angenommen werden, wenn der Hund eine Infektionskrankheit hat, deren Inkubationszeit eindeutig nach der Übergabe an den Käufer begonnen haben muss.

Nach Ablauf dieser sechs Monate gilt für die Mängelhaftung wieder die allgemeine Beweislastregel, wonach der Käufer den Beweis erbringen muss, dass das Tier bereits bei der Übergabe fehlerhaft gewesen ist. Ein vertraglicher Ausschluss der Beweislastumkehr nach § 476 BGB ist vor Mitteilung des Sachmangels an den Verkäufer nicht zulässig. Diese Regelung gilt sowohl für neue als auch für gebrauchte Sachen.

Ob die Regelung der Beweislastumkehr für Tiere letztendlich anwendbar ist, werden die mit dieser Frage befassten Gerichte zu entscheiden haben. Die Bundesregierung hat jedenfalls schon in der Begründung dieses Gesetzes darauf hingewiesen, dass die Beweisvermutung aufgrund mangelnder Vereinbarkeit im Einzelfall nicht für den Verkauf gebrauchter Sachen sowie für den Verkauf von Tieren gelten solle.

8.4 So kann das Haftungsrisiko begrenzt werden

Handelt es sich um einen Verbrauchsgüterkauf, dann können Sie gemäß § 475 Absatz 1 BGB die gesetzliche Mängelhaftung wegen der für diese Art des Kaufs geltenden Sonderregelungen grundsätzlich nicht vertraglich ausschließen. Dies gilt auch für sogenannte Umgehungsgeschäfte.

Eine Ausnahme gilt lediglich für den Anspruch des Käufers auf Schadensersatz gemäß § 437 Nr. 3 BGB, den Sie gemäß § 475 Absatz 3 BGB beschränken oder ausschließen dürfen. Wegen der Vorschriften über unwirksame Vertragsklauseln in den §§ 307 bis 309 BGB sollten Sie Schadensersatzansprüche aber nie in einem Formularkaufvertrag beschränken oder ausschließen, sondern stets im Wege einer individuellen Vertragsvereinbarung mit dem Käufer. Insoweit wird auf die Hinweise zur Vertragsgestaltung (vgl. Seite 92) Bezug genommen.

Um das Haftungsrisiko insgesamt zu minimieren, sollten Sie den Kaufvertrag auf jeden Fall schriftlich abfassen, damit Sie im Streitfall alle mit dem Käufer getroffenen Vereinbarungen beweisen können.

Die Beschreibung des Hundes als Kaufgegenstand sollte zwar möglichst konkret und umfassend im Sinne des § 434 Absatz 1 BGB erfolgen, dennoch sollten Sie es aber tunlichst vermeiden, bestimmte Eigenschaften des Tieres zuzusichern. Stellt sich nämlich später bei dem Käufer heraus, dass dem Hund eine derartige Eigenschaft (beispielsweise die Jagdtauglichkeit) entgegen Ihrer Zusicherung fehlt, müssen Sie für dieses Manko haften.

Sollten Ihnen tatsächlich Mängel des Hundes bekannt sein, so ist es in Ihrem eigenen Interesse ratsam, diese sogleich in den Vertrag mit aufzunehmen. Mängel, die dem Käufer beim Kauf bekannt waren, kann er nämlich später nicht mehr reklamieren (§ 442 BGB). Deshalb ist es auch in jedem Fall ratsam, den Hund kurz vor dem Verkauf noch einmal tierärztlich untersuchen zu lassen, um den Gesundheitszustand des Tieres zu dokumentieren.

Beim Verkauf eines »gebrauchten« Hundes sollten Sie es beim Verbrauchsgüterkauf außerdem auf keinen Fall versäumen, die Verjährungsfrist für die Mängelansprüche des Käufers wenigstens gemäß § 474 Absatz 2 BGB auf ein Jahr zu reduzieren. Anderenfalls müssten Sie auch hier grundsätzlich zwei Jahre lang für jeden Fehler des Tieres haften, der bereits bei der Übergabe an den Käufer vorhanden war.

Da viele rechtliche Begriffe des neuen Kaufrechts (zum Beispiel die »nach dem Vertrag vorausgesetzte Verwendung« oder die »übliche Beschaffenheit«) auslegungsbedürftig sind, wird erst die Rechtsprechung zu dieser Problematik mehr Rechtssicherheit bringen.

Gelten für Sie nicht die Sonderregelungen über den Verbrauchsgüterkauf, weil Sie lediglich Hobbyzüchter sind oder zwar ein Unternehmer im Sinne des § 14 BGB, aber das Kaufgeschäft mit einem anderen Unternehmer tätigen, dann kommt Ihnen der Rechtsgrundsatz der Vertragsfreiheit zugute. Danach dürfen Sie im Wege individueller Vereinbarungen sämtliche Mängelansprüche des Käufers ausschließen und die Verjährungsfrist für diese Ansprüche (§ 438 Absatz 1 Nr. 3 BGB) sogar »auf Null« verkürzen. Dieses gilt unabhängig davon, ob Sie einen »neuen« oder einen »gebrauchten« Hund verkaufen.

Hüten Sie sich aber vor der Verwendung sogenannter Formularkaufverträge – auch solcher, die Ihnen Ihr Rassehundeverein zur Verfügung stellt! Die darin enthaltenen Klauseln könnten nach den Vorschriften der §§ 305 ff. BGB unter Umständen als unwirksam angesehen werden. In diesem Fall könnte der Käufer dann seine Mängelansprüche uneingeschränkt geltend machen.

9. Die wichtigsten Versicherungen für Hundezüchter

Als Hundezüchter sollten Sie zumindest eine Tierhalterhaftpflichtversicherung, eine Rechtsschutz- sowie gegebenenfalls eine Tierkrankenversicherung abschließen. Nachfolgend erhalten Sie für die Wahl der richtigen Versicherung einige wichtige Tipps aus der Praxis.

9.1 Die Tierhalterhaftpflicht

Nach § 833 BGB muss ein Tierhalter, somit also auch ein Hundehalter, grundsätzlich für jeden Schaden haften, den sein Tier verursacht beziehungsweise mitverursacht hat. Dies gilt sowohl für Personen- als auch für Sachschäden.

Bei der sogenannten Gefährdungshaftung kommt es dabei noch nicht einmal darauf an, ob den Halter ein Verschulden (wie zum Beispiel eine Verletzung seiner Aufsichtspflicht) trifft. Dies ist auf die Annahme des Gesetzgebers zurückzuführen, dass aufgrund der Unberechenbarkeit tierischen Verhaltens mit der Tierhaltung stets eine Gefahr von Leben, Gesundheit und Eigentum Dritter verbunden ist.

Eine Schadensverursachung durch Ihr Tier liegt nicht nur dann vor, wenn der Hund direkt einen Schaden herbeigeführt hat, also zum Beispiel jemanden gebissen oder einen fremden Garten verwüstet hat. Sie müssen vielmehr auch dann für Ihren Hund haften, wenn er das Schadensereignis nur mittelbar ausgelöst hat. Ein solcher Fall wäre etwa gegeben, wenn ein toter Hund, der zuvor überfahren wurde, als Hindernis auf der Straße liegt und einen Verkehrsunfall verursacht. Die Rechtsprechung zur Tierhalterhaftung geht entsprechend weit, sodass jedem Hundehalter und insbesondere jedem Hundezüchter dringend anzuraten ist, eine ausreichende Haftpflichtversicherung für seine Tiere abzuschließen.

Die Tierhalterhaftung entfällt jedoch, wenn der Schaden auf ein von außen kommendes, unvorhersehbares Ereignis (»höhere Gewalt«) zurückzuführen ist. Ein solcher Sachverhalt könnte etwa gegeben sein, wenn ein ansonsten friedlicher Hund von einem Radfahrer angefahren wird und diesen daraufhin beißt. Beruft sich ein Tierhalter darauf, dass der Geschädigte das Tier in eine solche Zwangssituation versetzt habe, dass es sich nur in der den Schaden verursachenden Weise verhalten konnte, dann muss er dies in einem etwaigen Schadensersatzprozess beweisen.

Eine etwas abgemilderte Gefährdungshaftung gilt für die Halter solcher Hunde, die »dem Beruf, der Erwerbstätigkeit oder dem Unterhalt des Tierhalters« dienen. Hierunter fallen etwa Diensthunde von Polizei- oder Zollbeamten, Rettungshunde, Hütehunde eines Schäfers oder Jagdhunde eines Försters, nach dem auf Seite 9 Gesagten aber auch für gewerbsmäßige Züchter, die eine Erlaubnis nach § 11 TSchG besitzen. Hier besteht für den Halter keine Schadensersatzpflicht, wenn er bei der Beaufsichtigung des Hundes »die im Verkehr erforderliche Sorgfalt« beachtet hat oder der Schaden auch bei Anwendung dieser Sorgfalt entstanden wäre. Die Haftung ist in diesen Fällen also verschuldensabhängig. Dabei wird nach dem Gesetz ein »Verschulden« zunächst vermutet, mit der Folge, dass die Schadensersatzpflicht nur entfällt, wenn dem Halter der Entlastungsbeweis gelingt.

Die Gerichte stellen strenge Anforderungen an den Beweis, dass der Hundehalter die im Umgang mit dem Tier erforderliche Sorgfalt beachtet hat. Führt beispielsweise ein Polizeibeamter seinen Diensthund ohne Maulkorb, dann muss er in der Lage sein, den Hund jederzeit zu beherrschen. Wird der Hund in die Obhut eines »Tierhüters« (zum Beispiel ein Familienangehöriger) gegeben, gehört zu den Sorgfaltspflichten des Halters, dass er dem Hüter die nötigen Anweisungen für den Umgang mit dem Tier erteilt und deren Einhaltung überwacht.

9.2 Der Umfang der Aufsichtspflicht

Es besteht grundsätzlich für jeden, der eine Gefahrenquelle schafft, eine allgemeine Rechtspflicht, die notwendigen Vorkehrungen zum Schutze Dritter vor einer etwaigen Gefährdung zu schaffen. Der konkrete Umfang der Aufsichtspflicht bestimmt sich nach den Umständen des Einzelfalls. Nach dem zuvor Gesagten ist bei der Haltung von Tieren stets mit einem Gefährdungsrisiko aufgrund der Unberechenbarkeit tierischen Verhaltens zu rechnen. Deshalb ist jeder Hundehalter beziehungsweise -führer verpflichtet, in geeigneter Weise dafür Sorge zu tragen, dass durch seinen Hund niemand zu Schaden kommt.

Wird der Hund in der Öffentlichkeit (zum Beispiel in der Stadt) geführt, dann muss der Hundeführer in der Lage sein, jederzeit ausreichend auf das Tier einwirken zu können, um Gefahren für Menschen oder Sachen zu vermeiden. Deshalb sollte der Hund an Straßen stets an der einen Meter langen Leine geführt werden, auch wenn er ansonsten gut ausgebildet ist und »hört«. Es genügt, dass Ihr Hund nur ein einziges Mal nicht »hört«, um in Bruchteilen von Sekunden eine Katastrophe herbeizuführen, die möglicherweise Menschenleben fordern oder zu erheblichen Sachschäden führen kann.

Nicht ohne Grund schreiben daher die meisten Hundegesetze und -verordnungen der Länder vor, dass ein Hundeführer sowohl körperlich als auch geistig in der Lage sein muss, den Hund sicher zu führen. Nach diesen Landesregelungen wird in der Regel sogar verlangt, dass Hundeführer das 18. Lebensjahr vollendet haben müssen.

Der sicherste Weg, um ein Gefährdungsrisiko von Hunden zu minimieren, dürfte allerdings eine umfassende Ausbildung von Hund und Hundeführer sein. Dies gilt insbesondere auch für Hundezüchter. Die verschiedenen Hundeverbände und -vereine bieten hierfür relativ kostengünstig Lehrgänge und Übungsstunden an, in denen Sie und Ihre Hunde das richtige Verhalten gegenüber Mensch und Tier in der Öffentlichkeit lernen. Dies gilt natürlich besonders, wenn Sie mit Ihrem Hund an Ausstellungen teilnehmen, wo er auf eine Vielzahl von anderen Hunden verschiedener Rassen und auf viele Menschen trifft. Hier müssen sich Ausstellungshunde absolut sozialverträglich präsentieren. Ein absolutes »No-go« wäre es beispielsweise, wenn Ihr Hund sich im Ring mit einem anderen Hund anlegt oder gar den Richter beim Zähnezeigen anknurrt. Empfehlenswert ist es daher, neben einem Ausstellungstraining auch ein Gehorsamstraining mit einer Prüfung (beispielsweise VDH-Hundeführerschein oder Begleithundeprüfung) zu absolvieren. Sollte es nämlich einmal – trotz Ausbildung – mit Ihrem Hund zu einem Schadensereignis kommen, wird Ihre Rechtsposition auf jeden Fall günstiger sein, als mit einem nicht ausgebildeten Hund. Da bei einem »geprüften« Hundeführer in der Regel davon ausgegangen werden kann, dass er seinen Hund »beherrscht«, wird das Gericht im Schadensfall eher das Vorliegen eines unabwendbaren Ereignisses annehmen können.

Auch bei der Haltung Ihrer Hunde ist einiges zu berücksichtigen. Wenn Sie Ihren Hund auf einem eingefriedeten Grundstück beziehungsweise im Zwinger halten, so muss selbstverständlich sichergestellt sein, dass das Tier nicht entweichen kann. Die Einfriedung ist also in ausreichender Höhe zu wählen. Außerdem sind geeignete Vorkehrungen zu treffen, damit der Hund nicht durch Graben unterhalb der Einfriedung entweichen kann. Beachten Sie dabei, dass Hunde durchaus erfinderisch sein können. Dies gilt insbesondere, wenn sie ihrem Geschlechtstrieb folgen und es einen Rüden zu einer läufigen Hündin hinzieht. In solchen Fällen nutzen Hunde schon mal die Hundehütte oder im Garten abgestellte Kisten sowie Mülltonnen als Kletterhilfen, um selbst hohe Mauern zu überwinden. Daher werden Sie Ihrer Aufsichtspflicht nur dann gerecht, wenn Sie (oder eine beauftragte Person) sich regelmäßig (das heißt mehrmals am Tage) vergewissern, ob der Hund nicht weggelaufen ist und ob die Einfriedung keine Beschädigungen aufweist, die ein Entweichen des Tieres ermöglicht.

9.3 Der Haftungsumfang

Nach dem Gesetz muss derjenige, der zum Schadensersatz verpflichtet ist, grundsätzlich für den gesamten Schaden aufkommen, den sein Hund verursacht hat. Hierunter können beispielsweise die Arzt- und Krankenhauskosten für einen durch Hundebisse Verletzten fallen oder aber die Kosten für die Neubeschaffung beschädigter Kleidungsstücke. Darüber hinaus kann bei Personenschäden auch noch ein Schmerzensgeld verlangt werden oder auch eine Rente, falls der Geschädigte aufgrund der Verletzung in seiner Erwerbsfähigkeit gemindert wurde.

Hat Ihr Hund ein anderes Tier verletzt, müssen Sie die Kosten der tierärztlichen Behandlung grundsätzlich in voller Höhe tragen. So kann es durchaus vorkommen, dass der verlangte Schadensersatz um ein paar tausend Euro höher ist als der Wert des verletzten Tieres. Nur wenn die Tierarztkosten unverhältnismäßig hoch sind (weit mehr als das Zehnfache des Anschaffungspreises für dieses Tier) – was allerdings im Streitfall von dem zuständigen Gericht zu entscheiden wäre – kann der für die Heilbehandlung geltend gemachte Schadensersatz herabgesetzt werden.

Besonders teuer kann es einen Hundehalter zu stehen kommen, wenn sein Hund beispielsweise seinem Jagdtrieb folgend eine Hauptverkehrsstraße überquert, dort einen Verkehrsunfall verursacht, an dem unter anderem ein Gefahrguttransporter mit hochgiftigen Chemikalien beteiligt ist, wodurch eine umfassende Auskofferung des Erdreichs erforderlich wird, um eine Grundwasserverunreinigung durch das ausgelaufene Gift zu verhindern. In einem solchen Fall, der keinesfalls unwahrscheinlich ist, kann sich der Schadensersatz schnell auf mehrere hunderttausend Euro belaufen. Hieran wird deutlich, wie wichtig der Abschluss einer Tierhalterhaftpflichtversicherung sein kann.

Liegt ein Mitverschulden des Geschädigten vor, kann sein Schadensersatzanspruch anteilig gekürzt werden oder sogar gänzlich entfallen. Wann dies der Fall ist, hängt davon ab, inwieweit der Schaden von dem einem oder dem anderen Beteiligten verursacht worden ist. Als Verschulden des Geschädigten gilt jedes vorsätzliche oder fahrlässige Verhalten, das den Schaden mit herbeigeführt hat. Ein typischer Fall des Mitverschuldens ist gegeben, wenn ein Hundehalter versucht, eine Beißerei zweier Hunde zu beenden und dabei gebissen wird. Da die Gefahr des Gebissenwerdens in einer solchen Situation allgemein bekannt ist, muss der Geschädigte mit einer Minderung seiner Schadensersatzforderung rechnen.

Handelt es sich um ein erhebliches Mitverschulden, kann unter Umständen die Gefährdungshaftung des Hundehalters völlig entfallen. Ein derartiger Fall wäre beispielsweise gegeben, wenn jemand unter Nichtbeachtung von Warnschildern vor freilaufenden Wachhunden die Einfriedung eines abgeschlossenen Grundstücks überwindet und dabei von den Hunden verletzt wird. In diesem Fall läge eine schuldhafte Selbstgefährdung vor, die einen Schadensersatzanspruch ausschließt.

9.4 Hierauf sollten Sie beim Abschluss einer Tierhalterhaftpflichtversicherung achten

Für Hundezüchter gibt es spezielle Tierhalterpflichtversicherungen, die häufig durch sogenannte Gruppenverträge der Rassehundevereine vergünstigt sind. Die Höhe der Prämie richtet sich in der Regel nach der Anzahl der gehaltenen Hunde. Bei der Versicherungssumme sollten Sie nicht knausern. Es spielt dabei auch grundsätzlich keine Rolle, ob Sie zum Beispiel Dackel oder Bernhardiner züchten. Ein kleiner Hund kann – insbesondere im Straßenverkehr – ebenso große Schäden anrichten (siehe das Beispiel oben mit dem Gefahrguttransporter) wie ein großes Tier. Außerdem ist nach einigen Hundeverordnungen und -gesetzen der Länder der Abschluss einer Haftpflichtversicherung in bestimmter Höhe Pflicht. Es handelt sich dabei allerdings lediglich um sogenannte Mindestversicherungssummen (in der Regel eine halbe Million Euro). Welche Mindestschadenssummen in Ihrem Bundesland abgedeckt sein müssen, erfahren Sie bei Ihrer örtlichen Ordnungsbehörde. Im eigenen Interesse sollten Sie jedoch bei der Versicherungssumme stets auf »Nummer Sicher« gehen.

Halten Sie Ihre Hunde nicht alleine oder lassen Sie sie regelmäßig durch eine bestimmte Person betreuen, dann sollte deren Name ebenfalls in der Versicherungspolice aufgeführt werden. Unterliegt Ihr Hund einer Leinen- und/oder Maulkorbpflicht (zum Beispiel aufgrund einer landesrechtlichen Vorschrift eines Hundesgesetzes), dann sollten Sie darauf achten, dass diese nicht verletzt wird, anderenfalls kann im Schadensfall der Versicherungsschutz entfallen.

9.5 Rechtsschutzversicherung für Hundezüchter

Vor allem durch das neue Kaufrecht ist die Gefahr für Hundezüchter, in einen Rechtsstreit verwickelt zu werden, relativ groß. Aus diesem Grund ist es durchaus ratsam, eine Rechtsschutzversicherung abzuschließen, die nicht nur das Vertragsrecht, sondern – je nachdem, ob die Zucht gewerbsmäßig ausgeübt wird oder nicht – auch verwaltungsrechtliche Rechtsstreitigkeiten umfasst. Letzteres kann zum Beispiel dann wichtig sein, wenn Sie Probleme mit dem Veterinäramt bekommen und sich dagegen rechtlich zur Wehr setzen möchten.

Da die Rechtsschutzversicherungen ihre Leistung häufig auch davon abhängig machen, ob Sie eine Hobbyzucht betreiben oder gewerbsmäßig züchten, sollten Sie auch diese Frage bei Abschluss der Versicherung abklären. Dies gilt auch für vertragsrechtliche Streitigkeiten.

In Zeiten des »world wide webs« kommt es leider immer wieder vor, dass Züchter durch Hundekäufer oder auch Züchterkollegen in Internetforen diffamiert oder gar beleidigt werden. Manche Portale können so schnell zum öffentlichen Pranger werden. Durch die oftmals unbemerkte Verbreitung negativer Äußerungen im Internet ist der Ruf so manches Hundezüchters schon schwer geschädigt worden.

In derartigen Fällen sollte der betroffene Züchter möglichst umgehend juristische Hilfe in Anspruch nehmen und dem Schädiger durch eine entsprechende Unterlassungserklärung Einhalt gebieten. Da der Streitwert bei Verletzungen des Persönlichkeitsrechts relativ hoch ist, können hierfür nicht unerhebliche Anwaltsgebühren anfallen. Deshalb sollten Sie beim Abschluss einer Rechtsschutzversicherung möglichst auch dieses Risiko mitversichern lassen.

9.6 Tierkrankenversicherungen

Eine gute Tierkrankenversicherung kann gerade auch für einen Hundezüchter das Risiko hoher Tierarztkosten im Krankheits- oder Operationsfall eines Zuchthundes erheblich herabsetzen. Da die Versicherer bei Tierkrankenversicherungen unterschiedliche Varianten anbieten, sollen Sie möglichst mehrere Angebote einholen und die Kosten-Nutzen-Relation der einzelnen Anbieter miteinander vergleichen. In der Praxis dürfte wohl die reine OP-Tierkrankenversicherung am häufigsten gewählt werden. Als Züchter sollten Sie natürlich vor allem darauf achten, ob die Versicherung auch die Kosten eines medizinisch notwendigen Kaiserschnitts übernimmt. Manche Versicherungen bieten sogar Extra-Angebote für Züchter an.

10. Die wichtigsten Steuerfragen für Hundezüchter

Hundezüchter sind wie alle Hundehalter verpflichtet, jeden Hund des eigenen Bestandes beim Steueramt ihrer Gemeinde beziehungsweise ihrer Stadt anzumelden. Hierfür gelten örtlich unterschiedliche Fristen. In den Hundesteuersatzungen ist außerdem vorgeschrieben, dass die Hunde die Steuermarke in der Öffentlichkeit gut sichtbar tragen müssen. Allerdings kann mit dem zuständigen Steueramt auch vereinbart werden, dass der Züchter – je nach Anzahl der gehaltenen Hunde – statt der Steuermarken stets eine Abschrift des aktuellen Hundesteuerbescheides mit sich führt, um im Falle einer Überprüfung jederzeit nachweisen zu können, dass die Hunde ordnungsgemäß angemeldet sind. Verstöße gegen diese Vorschriften können als Ordnungswidrigkeiten mit einem Bußgeld geahndet werden.

In vielen Städten und Gemeinden ist es inzwischen möglich, die Anmeldung für die Hundesteuer online zu tätigen. Über diese Möglichkeit sollten Sie sich im Internet auf der Homepage Ihres Wohnortes informieren.

10.1 Wie hoch ist die Hundesteuer für Züchter?

Die Hundesteuer wird von den Städten und Gemeinden auf der Grundlage der jeweiligen Landesgesetze und Hundesteuersatzungen erhoben. Deshalb kann die zu entrichtende Hundesteuer unterschiedlich hoch sein. Grundsätzlich ist die Hundesteuer für Züchter genauso hoch wie für alle anderen Hundehalter. Etwas anderes gilt nur, sofern in der Hundesteuersatzung entsprechende Sonderregelungen enthalten sind (vgl. hierzu Seite 82).

Es handelt sich bei der Hundesteuer um eine sogenannte Luxussteuer und nicht etwa um eine Abgabe, die für die Beseitigung des Hundedrecks auf öffentlichen Wegen erhoben wird. In der Regel wird in Großstädten eine höhere Steuer verlangt als in ländlichen Regionen. Es gibt allerdings auch einige wenige Gemeinden (zum Beispiel in Bayern), die überhaupt keine Hundesteuer erheben.

Für Halter mehrerer Hunde gelten häufig speziell gestaffelte Steuersätze. Oftmals wird die Steuer für den zweiten Hund sogar verdoppelt. So »kostet« beispielsweise in Stuttgart der erste Hund jährlich 108 Euro und der zweite 216 Euro. Für jeden weiteren Hund werden dort ebenfalls 216 Euro verlangt. Dagegen beträgt in Dortmund die Hundesteuer für den ersten Hund 144 Euro, für den zweiten 192 Euro und für den dritten 216 Euro.

10.2 Wer hat Anspruch auf die »Zwingersteuer«?

Viele Hundesteuersatzungen sehen eine ermäßigte Steuer für Hunde vor, die zu Zuchtzwecken gehalten werden. In diesem Fall kann die Steuer in Form einer sogenannten Zwingersteuer erhoben werden, sofern der Zwinger und die Zuchttiere in ein von einer anerkannten Hundezuchtvereinigung geführtes Zucht- oder Stammbuch eingetragen sind.

Die Höhe der Zwingersteuer richtet sich im Einzelfall nach der jeweils geltenden Hundesteuersatzung. In der Regel beträgt die Zwingersteuer danach für jeden zu Zuchtzwecken gehaltenen Hund 50 Prozent der normalen Hundesteuer, jedoch nicht mehr als die Steuer für zwei Hunde. Das Halten selbstgezogener Hunde ist in der Regel steuerfrei, so lange diese sich im Zwinger befinden und nicht älter als sechs Monate sind. Auch hier kann es regionale Abweichungen geben.

Die Zwingersteuer entfällt – je nach Satzung – häufig, wenn in den letzten zwei zurückliegenden Jahren keine Hunde gezüchtet worden sind. Manche Satzungen setzen für die Zwingersteuer voraus, dass die Hunde in einem Zwinger gehalten werden und es sich um eine *gewerbsmäßige* Zucht handelt (so zum Beispiel in der Verbandsgemeinde Westhofen). Ansonsten können aber auch Hobbyzüchter eine Zwingersteuer beantragen.

Ist in der jeweiligen Hundesteuersatzung keine Zwingersteuer vorgesehen, dann haben Sie auch grundsätzlich keinen Rechtsanspruch auf diese Vergünstigung. Dies gilt in der Regel auch, wenn eine Hundesteuersatzung nachträglich geändert wird und die Zwingersteuer dadurch wegfällt. Dementsprechend hat das Verwaltungsgericht Trier in einem Fall entschieden, dass die Abschaffung der Zwingersteuer rechtlich nicht zu beanstanden sei (Az.: 2 L 2205/03 TR). Laut Sachverhalt hatte ein Hundezüchter hier für alle seine Hunde bisher zusammen eine Zwingersteuer von jährlich 96 Euro gezahlt. Nach Änderung der Hundesteuersatzung wurde der Züchter zu einer jährlichen Hundesteuer von 900 Euro veranlagt. Die Klage des Züchters wurde von dem Verwaltungsgericht mit der Begründung abgewiesen, dass kein Züchter darauf vertrauen könne, dass in seinem Fall auf Dauer von einer Einzelbesteuerung seiner Hunde abgewichen werde. Der Umstand, dass er seine Hunde vor Inkrafttreten der neuen Satzung angeschafft habe, vermöge allein keinen Vertrauensschutz zu begründen.

10. 3 Wann ist eine Hundesteuerbefreiung möglich?

Ein vollständiger Erlass der Hundesteuer ist in der Regel nur in bestimmten Ausnahmefällen möglich und muss in der jeweils geltenden Hundesteuersatzung vorgesehen sein (zum Beispiel für Sozialhilfeempfänger oder ihnen gleichgestellte Personen). Ein derartiger Erlass der Steuerschuld soll nach einem Urteil des Verwaltungsgerichts Osnabrück (Az.: 1 A 44/07) aber auch dann möglich sein, wenn ein Hundezüchter gewerbsmäßig züchtet. Nach Auffassung des Gerichts dürfe die Hundesteuer von Städten und Gemeinden nur dann erhoben werden, wenn Hunde auch aus privaten Gründen gehalten werden. In dem hier vorliegenden Fall hatte die Samtgemeinde Artland (Niedersachen) von einem pensionierten Bahnbeamten für das Jahr 2007 eine Hundesteuer von 138 Euro für sechs Hunde verlangt. Der Züchter, der eine gewerbsmäßige Hundezucht betreibt, hat dagegen erfolgreich geklagt. Nach Auffassung des Verwaltungsgerichts handele es sich bei der Hundesteuer um eine örtliche Aufwandsteuer. Danach sei nur steuerpflichtig, wer einen oder mehrere Hunde in seinem Haushalt, Betrieb, seiner Institution oder Organisation für Zwecke der persönlichen Lebensführung aufgenommen hat. Dieser

Steuertatbestand liege dagegen nicht vor, wenn das Halten der Hunde ausschließlich der Einnahmeerzielung diene. Eine Einnahmeerzielung setze allerdings voraus, dass die Hunde ausschließlich beruflich oder gewerblich genutzt würden, also erwerbswirtschaftlichen Zwecken dienten. Da der Kläger eine gewerbsmäßige Hundezucht betrieb, eine entsprechende Erlaubnis hierfür hatte, Mitglied in Zuchtverbänden war und mit den Hunden nur im Rahmen der Betreuung Kontakt hatte, sah das Verwaltungsgericht diese Voraussetzung als erfüllt an und gab der Klage statt.

Ein ähnliches Urteil hat auch das Verwaltungsgericht Trier gefällt (Az.: 2 K 976/07.TR). In diesem Fall handelte es sich um eine Hundezüchterin, die die aus drei Würfen jährlich stammenden Welpen verkaufte und ihre Hundezucht bei dem zuständigen Finanzamt angemeldet hatte. Daher wurden alle positiven und negativen Einkünfte der Züchterin als gewerbliche Einkünfte behandelt und ein Gewerbebetrieb angenommen. Das Verwaltungsgericht entschied daher, dass für eine Hundehaltung, die ausschließlich gewerblichen Zwecken diene, keine örtliche Hundesteuer erhoben werden dürfe.

10.4 Steuerpflichten für gewerbsmäßige Hundezüchter

Wenn Sie gewerbsmäßig Hunde züchten und deshalb eine Erlaubnis nach § 11 TSchG besitzen (vgl. Seite 11), sind Sie grundsätzlich auch verpflichtet, als Hundezüchter ein Gewerbe anzumelden. Dies gilt unabhängig davon, ob Sie mit Ihrer Hundezucht einen Gewinn machen oder nicht. Schließlich genügt für die Annahme einer gewerbsmäßigen Hundezucht das Vorliegen einer Gewinnerzielungsabsicht. So hat beispielsweise das Landgericht Darmstadt (Az.: 2 O 163/99) festgestellt, »ob er (der Züchter) dadurch ein Gewinn erzielt, ist für die Einordnung völlig unerheblich; ausreichend ist eine entsprechende Absicht … Wenn dem in etwa gleicher Höhe Ausgaben gegenüberstehen, mag dies Zweifel an den betriebswirtschaftlichen Fähigkeiten des Klägers begründen. Es ändert aber nichts daran, dass ihr Handeln auf Gewinnerzielung gerichtet und damit gewerblich ist.«

Als gewerbsmäßiger Hundezüchter sind Sie deshalb verpflichtet, jährlich sowohl eine Einkommens- als auch eine Gewerbesteuererklärung abzugeben, unabhängig davon, ob Sie tatsächlich einen Gewinn mit Ihrer Hundezucht erzielt haben. Natürlich können Sie alle durch die Hundezucht entstehenden Unkosten (zum Beispiel Futter- und Tierarztkosten) in Ihrer Steuererklärung in Absatz bringen.

Wenn Sie lediglich ein sogenannter Kleingewerbetreibender sind, haben Sie die Wahl, ob Sie die Umsatzsteuer ausweisen wollen oder nicht. Die Einkommensgrenzen für Kleingewerbetreibende liegen im Jahr der Betriebseröffnung bei 17.500 Euro und im laufenden Jahr bei 50.000 Euro. Wird die Umsatzsteuer nicht ausgewiesen, brauchen Sie keine Umsatzsteuererklärung abzugeben. Gleichzeitig sind Sie in diesem Fall aber auch nicht vorsteuerabzugsberechtigt. Was in Ihrem Fall vorteilhafter ist, sollten Sie bei Ihrem Steuerberater erfragen.

Haben Sie zwei Jahre lang als Gewerbetreibender nur einen Verlust erwirtschaftet, könnte das Finanzamt Zweifel an der Annahme eines Gewerbebetriebs haben und lediglich eine reine Liebhaberei annehmen. Bei der Liebhaberei handelt es sich gerade nicht um eine wirtschaftliche Betätigung, die auf die Erzielung von positiven Überschüssen ausgerichtet ist. In diesem Fall werden freiwillig tolerierte Verluste, die mit positiven Einkünften (zum Beispiel Erlöse aus Welpenverkäufen) verrechnet werden können, vom Finanzamt nicht mehr akzeptiert. Dies hätte unter Umständen zur Folge, dass Steuern rückwirkend nachgefordert werden können, weil die erforderliche Gewinnerzielungsabsicht nicht mehr vorgelegen hat. Gleichzeitig würde mit dem Wegfall der zuvor angenommenen Gewinnerzielungsabsicht auch eine bereits vorliegende Zuchterlaubnis nach § 11 TSchG in Frage gestellt werden. Die Problematik der gewerbsmäßigen Hundezucht ist also ausgesprochen facettenreich und bedarf im Einzelfall einer umfassenden juristischen und steuerlichen Beratung.

11. Die Tierarzthaftung

Ein Tierarzt wird grundsätzlich im Rahmen eines sogenannten Dienstvertrages für den Tierbesitzer tätig. Daraus ergibt sich für den Tierarzt die Pflicht, sich regelgerecht um die Wiederherstellung der Gesundheit Ihres Tieres zu bemühen. Bleibt der gewünschte Erfolg aus oder treten bei der Behandlung unerwünschte Nebenfolgen auf, so ist hierin nicht immer gleich eine Vertragsverletzung zu erblicken. Hat der Tierarzt jedoch seine tierärztliche Sorgfaltspflicht verletzt, so kann hierin ein Vertragsverstoß erblickt werden, der eine Schadensersatzpflicht des Tierarztes zur Folge hätte.

Neben der Haftung »aus Vertrag« kann sich im Falle eines Fehlverhaltens des Tierarztes auch eine sogenannte deliktische Haftung »aus unerlaubter Handlung« nach § 823 BGB ergeben. Nach dieser Vorschrift ist derjenige zum Schadensersatz verpflichtet, der »vorsätzlich oder fahrlässig das Leben, den Körper, die Gesundheit, die Freiheit, das Eigentum ... eines anderen widerrechtlich verletzt«. Bei der Falschbehandlung eines Tieres käme danach eine Tierarzthaftung wegen Eigentumsverletzung des Tierbesitzers in Betracht. Eine Haftung des Tierarztes scheidet allerdings aus, soweit die Behandlung des Tieres vom Auftrag und der Einwilligung des Tierbesitzers gedeckt ist und der Tierarzt bei der Behandlung des Tieres nicht gegen tierärztliche Sorgfaltspflichten verstoßen hat.

Deshalb muss ein Tierarzt haften, wenn er Ihren Hund falsch behandelt hat oder eine Behandlung ohne Ihre Einwilligung vorgenommen hat (akute Notfälle ausgenommen). Eine Schadensersatzpflicht des Tierarztes besteht aber auch dann, wenn der Tierarzt Ihnen gegenüber seine Aufklärungspflicht (zum Beispiel über Risiken einer Operation oder eine alternative kostengünstigere Behandlungsmethode) verletzt hat. Beide Haftungsgründe werden im Folgenden näher erklärt.

11.1 Die tierärztliche Aufklärungspflicht

Die Aufklärungspflicht der Tierarztes geht zwar nicht so weit wie die des Humanmediziners, dennoch umfasst sie alle wichtigen Informationen über die geplante Behandlung des Tieres, wie etwa die Erfolgsaussichten, die Dauer, Nebenwirkungen oder Spätfolgen, ein etwaiges Narkoserisiko sowie die zu erwartenden Kosten.

Sofern mehrere Behandlungsmethoden zur Auswahl stehen, ist der Tierarzt verpflichtet, auch die Alternativen mit dem Tierbesitzer zu erörtern. Nur so kann dieser für sich selbst entscheiden, welche der vorgeschlagenen Behandlungsmaßnahmen für ihn (auch aus wirtschaftlichen Gründen) akzeptabel sind und in welchen Eingriff des Tierarztes er einwilligen möchte. Die Art und der Umfang der Aufklärungspflicht bestimmen sich für den Tierarzt im Einzelfall nach den erkennbaren Interessen des Tierbesitzers beziehungsweise nach dessen ausdrücklich geäußertem Willen. Nach der Rechtsprechung des Bundesgerichtshofs hat der Tierarzt dabei auch den materiellen oder ideellen Wert des Tieres für den Tierbesitzer zu berücksichtigen (Urteil vom 18.03.1980 – Az.: VI ZR 39/79).

Wird der Hundezüchter über einen wichtigen Aspekt nicht aufgeklärt und hätte er bei dessen Kenntnis von der Behandlung des Tieres abgesehen, dann trifft den Tierarzt eine Schadensersatzpflicht. Dies gilt selbst dann, wenn die Behandlung als solche nicht fehlerhaft war.

11.2 Wann liegt ein Behandlungsfehler vor?

Nach der Rechtsprechung des Bundesgerichtshofs (Urteil vom 12.04. 1983 – Az.: VI ZR 197/81) schuldet der Tierarzt eine sorgfältige und gewissenhafte Untersuchung und Behandlung des anvertrauten Tieres unter Einsatz der von einem gewissenhaften Veterinärmediziner zu erwartenden tiermedizinischen Kenntnisse und Erfahrungen. Danach liegt ein Behandlungsfehler vor, wenn der Tierarzt den Hund nicht nach den anerkannten Regeln der tierärztlichen Wissenschaft behandelt (sogenannter Kunstfehler) oder gegen die tierärztlichen Sorgfaltspflichten verstoßen hat. Dabei fällt nicht nur die Vornahme einer sachwidrigen, sondern auch das Unterlassen einer sachlich gebotenen Maßnahme unter den Begriff des Behandlungsfehlers.

Ein Behandlungsfehler würde beispielsweise vorliegen, wenn die Diagnose des Tierarztes falsch war. Allerdings wird von der Rechtsprechung nicht verlangt, dass der Tierarzt schon bei der ersten Untersuchung die richtige Diagnose trifft. Oftmals sind erst noch weitere Maßnahmen und Beobachtungen erforderlich, um eine eindeutige Diagnose festzustellen. Unterlässt der Tierarzt jedoch notwendige Befunderhebungen oder Untersuchungen, so kann hierin ein Behandlungsfehler erblickt werden.

Zu den Berufspflichten des Tierarztes gehört es auch, eine ordnungsgemäße Befunddokumentation zu führen. In § 5 Abs. 1 der Musterberufsordnung der Bundestierärztekammer heißt es ausdrücklich: »Der Tierarzt hat über die in Ausübung seines Berufes gemachten Feststellungen und getroffenen Maßnahmen Aufzeichnungen zu fertigen und diese mindestens fünf Jahre aufzubewahren; diese Frist gilt auch für technische Dokumentationen.« Nach der Rechtsprechung hat der Tierarzt in der Dokumentation alle wesentlichen medizinischen Aspekte der Behandlung des Tieres aufzunehmen. Hierunter sind die wichtigsten diagnostischen und therapeutischen Maßnahmen und Verlaufsdaten zu verstehen.

Der Tierbesitzer hat einen Rechtsanspruch auf Einsichtnahme in die Dokumentation des Tierarztes. Das gilt auch zur Prüfung von etwaigen Schadensersatzansprüchen gegen den Tierarzt. Dieser Anspruch des Tierbesitzers ergibt sich aus dem Rechtsgrundsatz der »Waffengleichheit«. Anderenfalls hätte der Tierarzt in einem Rechtsstreit gegenüber dem Tierbesitzer einen ähnlich großen Wissensvorsprung wie der Arzt gegenüber seinem Patienten (vgl. Oberlandesgericht Frankfurt, Urteil vom 20.09.1991 – Az.: 25 U 263/90).

Zu dem Recht auf Einsicht in die Tierarztdokumente gehört auch die Einsichtnahme in den tierärztlichen Befundbericht. Nach dem Urteil des

Amtsgerichts Gießen (Az.: 47 C 2176/04) ist es dagegen nicht ausreichend, wenn der Tierarzt dem Tierbesitzer lediglich eine Kopie der Abrechnung der tierärztlichen Verrechnungsstelle übersendet.

11.3 Die Beweislast im Tierarzthaftungsprozess

Ist dem Tierarzt ein Kunstfehler unterlaufen (zum Beispiel Verabreichung einer zu starken Narkose mit der Folge, dass das Tier starb), muss in der Regel der Tierbesitzer den Behandlungsfehler beweisen. Allerdings ist in der Rechtsprechung für bestimmte Fälle eines tierärztlichen Fehlverhaltens eine sogenannte Beweislastumkehr anerkannt. Hierbei handelt es sich im Einzelnen um die folgenden Verhaltensfehler eines Tierarztes:

- **Der Dokumentationsmangel**

Hat ein Tierarzt in den Behandlungsunterlagen Umstände nicht festgehalten, obwohl sie dokumentationspflichtig gewesen sind, dann wird zugunsten des Tierbesitzers zunächst unterstellt, dass eine dokumentationspflichtige, aber nicht dokumentierte Maßnahme auch tatsächlich nicht erfolgt ist. Dokumentationsversäumnisse indizieren daher in der Regel das Unterbleiben aufzeichnungspflichtiger Maßnahmen. Will der Tierarzt die negativen Folgen des Dokumentationsmangels nicht hinnehmen, so muss nun umgekehrt er den Beweis erbringen, dass ein bestimmter Befund vorgelegen hat oder eine bestimmte Behandlungsmaßnahme wirklich durchgeführt wurde.

- **Unterlassung wichtiger Befunderhebungen**

Die gleichen beweisrechtlichen Folgen treten ein, wenn ein Tierarzt zweifelsfrei gebotene Untersuchungen oder Befunderhebungen unterlassen hat. Nach dem Urteil des Oberlandesgerichts Hamm vom 03.12.2003 (Az.: 3 U 108/02) führt ein Verstoß gegen die Pflicht zur Erhebung und Sicherung medizinischer Befunde zu einer Umkehr der Beweislast zu Lasten des Tierarztes, sofern die Befunderhebung mit hinreichender Wahrscheinlichkeit zu einem positiven Ergebnis geführt hätte und sich dessen Verkennung als fundamental fehlerhaft darstellen müsste.

- **Grober Behandlungsfehler**

Zu einer Beweislastumkehr kommt es auch, wenn einem Tierarzt ein »grober Behandlungsfehler« unterlaufen ist. Dies ist der Fall, wenn der Tierarzt eindeutig gegen bewährte tierärztliche Behandlungsregeln oder gesicherte veterinärmedizinische Erkenntnisse verstoßen und einen Fehler begangen hat, der aus objektiver Sicht nicht mehr verständlich erscheint, weil er einem Tierarzt schlechterdings nicht unterlaufen darf. Die Rechtsprechung kehrt in diesem Fall die Beweislast für die Frage des Zusammenhangs zwischen einem Behandlungsfehler und einem Gesundheitsschaden des Tieres zugunsten des Tierbesitzers um. Dabei reicht es aus, dass der grobe Behandlungsfehler geeignet ist, den geltend gemachten Schaden zu verursachen. Das bedeutet, dass der Ursachenzusammenhang zwischen Behandlungsfehler und Schaden zugunsten des Tierbesitzers unterstellt wird, sofern der Tierarzt nicht beweisen kann, dass ein solcher Zusammenhang nicht besteht.

Da Tierarzthaftungsprozesse in der Regel juristisch sehr kompliziert sind, ist es auf jeden Fall empfehlenswert, dass Sie sich von einem entsprechend spezialisierten Anwalt beraten und gerichtlich vertreten lassen.

11.4 Wie wird der Schadensersatz berechnet?

Nach dem allgemeinen Schadensersatzrecht ist der Tierarzt grundsätzlich verpflichtet, den Zustand herzustellen, der bestehen würde, wenn der Schadensfall nicht eingetreten wäre.

Sollte Ihr Hund etwa an den Folgen der tierärztlichen Behandlung verstorben sein, haben Sie einen Anspruch auf Schadensersatz in Höhe seines materiellen und auch seines emotionalen Wertes für Sie. Bei einem hochprämierten Zuchtrüden oder einer Zuchthündin, die noch Würfe hätte hervorbringen können, kann der Schaden schnell im fünfstelligen Bereich liegen. Ist beispielsweise ein ganzer Wurf durch einen Tierarztfehler zu Tode gekommen, dann beläuft sich der Schaden auf den Verkaufswert der Welpen. Derartige Fälle kommen in der Praxis durchaus vor, wenn bei der Mutterhündin zum Beispiel ein Kaiserschnitt durchgeführt wird und die zunächst lebendigen Welpen in einem Nebenraum auf den Behandlungstisch gelegt werden, ohne die erforderliche Erstversorgung (insbesondere Befreien von der Eihülle, Absaugen des Fruchtwassers, Trockenreiben, Schutz vor Unterkühlung) vorzunehmen, so dass dem Züchter der gesamte Wurf nur noch tot präsentiert wurde.

Sollte eine weitere tierärztliche Behandlung des Hundes erforderlich sein, ist der Tierarzt verpflichtet, auch hierfür aufzukommen. Hat der Tierarzt einen Behandlungsfehler begangen, ist der Tierbesitzer auch nicht verpflichtet, das Tierarzthonorar zu zahlen. Deshalb sollten Sie die Tierarztrechnung zunächst nicht bezahlen und sie als etwaiges Beweismittel aufheben. Bei Verdacht auf einen Behandlungsfehler sollten Sie den Tierarzt zunächst persönlich zur Rede stellen. Nehmen Sie auf jeden Fall einen unbeteiligten Zeugen (also keinen Verwandten oder Partner) zu diesem Gespräch mit. Stellen Sie Ihren Hund unverzüglich einem anderen Tierarzt zur Begutachtung vor. Sollte Ihr Hund bereits verstorben sein, lassen Sie ihn obduzieren (am besten von einem Pathologen einer tierärztlichen Fakultät). Die Kosten der Obduktion können Sie später zusammen mit Ihrem Schadensersatzanspruch geltend machen. Zeigt sich der Tierarzt nicht einsichtig und kommt er nicht freiwillig für den entstandenen Schaden auf, sollten Sie sich umgehend anwaltlich beraten lassen.

12. Hinweise zur Gestaltung von Hundekaufverträgen

Nachfolgend erfahren Sie, welche Punkte auf jeden Fall in Ihrem Kaufvertrag enthalten sein müssen und welche Vereinbarungen mit dem Käufer für Sie nützlich sein können. Diese Praxis-Tipps orientieren sich in erster Linie daran, ob es sich um einen Verkauf zwischen Privatpersonen oder um einen sogenannten Verbrauchsgüterkauf handelt (vgl. Seite 52), bei dem Sie hinsichtlich der Einschränkung der Mängelansprüche des Käufers nur einen sehr reduzierten Regelungsspielraum haben.

Die folgenden Inhalte und Formalien sollten auf jeden Fall in einem Hundekaufvertrag enthalten sein:

- Zunächst müssen Sie die **Vertragsparteien** (Verkäufer und Käufer) jeweils mit Vor- und Nachnamen, Adresse, Telefon-Nummer und möglichst auch der Nummer des Personalausweises beziehungsweise Passes konkret bezeichnen. Dabei muss deutlich werden, wer Verkäufer und wer Käufer ist und dass es sich um einen Kaufvertrag handelt.

- Es folgt die **Bezeichnung des Kaufgegenstandes**, also des Hundes. An dieser Stelle sollten Sie alle wichtigen Angaben über den Hund machen, die in seiner Ahnentafel vermerkt sind. Hierzu gehören der vollständige Zwingername, der Wurftag, die Rasse, das Geschlecht, die Farbe und Abzeichen, die Zuchtbuch-Nummer, das Tätowierkennzeichen beziehungsweise die Microchip-ID, ein etwaiger HD-Befund, eine etwaige Zuchtzulassung sowie gegebenenfalls bereits erlangte Titel.

- Der **Kaufpreis** ist sowohl in Ziffern als auch in Worten in den Vertrag aufzunehmen. Dazu sind die Fälligkeit und die Zahlweise (zum Beispiel Barzahlung, Überweisung, Scheck) zu vermerken. Empfehlenswert ist die Vereinbarung eines Eigentumsvorbehalts an dem Hund bis zur vollständigen Begleichung des Kaufpreises (dies gilt vor allem bei Ratenzahlung).

- Der Verkäufer sollte erklären, dass der Hund in seinem **Eigentum** steht und frei von Rechten Dritter ist.

- Es sollte die Feststellung in den Vertrag mit aufgenommen werden, dass der Käufer noch vor der Übergabe Gelegenheit hatte, den Hund eingehend in **Augenschein** zu nehmen und auf sichtbare Fehler zu überprüfen: »Dabei sind vom Käufer keine beziehungsweise folgende Mängel festgestellt worden ...« (es würde nun eine Aufstellung der festgestellten Mängel folgen).

- Der Verkäufer sollte seinerseits erklären, dass ihm zum Zeitpunkt der Übergabe des Hundes an den Käufer **keinerlei Krankheiten oder sonstigen Mängel** des Tieres bekannt sind, die einen Mängelhaftungsanspruch des Käufers gemäß § 437 BGB begründen könnten.

- Sind Ihnen **Mängel** des Hundes bekannt, sollten Sie diese vollständig **im Kaufvertrag aufführen** und hinzufügen, dass Sie den Käufer auf diese Mängel hingewiesen haben. Gleichzeitig sollte der Käufer erklären, dass er hiervon vor dem Vertragsabschluss Kenntnis erlangt hat.

- Sie können die **Mängelhaftung** auf bestimmte Ansprüche des Käufers **beschränken** (also zum Beispiel Rücktrittsrecht vom Vertrag innerhalb einer bestimmten Frist, die insbesondere mit Rücksicht auf den Hund relativ kurz bemessen sein sollte) oder – unter den auf Seite 58 genannten Voraussetzungen – sogar völlig ausschließen.

- Die **Verjährungsfrist** für die Mängelansprüche des Käufers können Sie abweichend von § 438 Absatz 1 Nr. 3 BGB bis auf Null verkürzen (vgl. Seite 67). Sie können aber auch eine Ihrer Meinung nach angemessene Frist wählen (zum Beispiel 14 Tage).

- Zulässig und für Sie vorteilhaft wäre auf jeden Fall ein **Ausschluss von Schadensersatzansprüchen** im Sinne des § 437 Nr. 3 BGB. Dies ist auch beim Verbrauchsgüterkauf zulässig!

- Im Kaufvertrag sollte der genaue **Übergabetermin** festgehalten werden.

- Sie sollten sämtliche **Urkunden und etwaiges Zubehör** in dem Vertrag benennen, das Sie dem Käufer zusammen mit dem Hund aushändigen (beispielsweise Ahnentafel, Impfpass, Wurfabnahmebericht, Zuchtzulassungsbericht, Halsband, Leine, Futter).

- Von einer Vereinbarung, den Hund **»auf Probe«** zu verkaufen, rate ich persönlich ab, weil hiermit das Risiko verbunden sein könnte, dass der Käufer sich wieder leichtfertig des Tieres entledigen kann, auch wenn dieses keinen Mangel hat. Deshalb sollte der Züchter als Verkäufer sich besser auf seine Erfahrung und Menschenkenntnis verlassen, ehe er einen Hund an einen Kaufinteressenten abgibt. Sofern möglich, sollte der Züchter sich vor Abgabe des Hundes auch einen persönlichen Eindruck von dem künftigen Zuhause seines Hundes verschaffen.

- In dem Kaufvertrag kann der Verkäufer sogleich **bestätigen**, dass er den **Kaufpreis** beziehungsweise eine Anzahlung vom Käufer erhalten hat. Im Gegenzuge sollte der Käufer bescheinigen, dass ihm der Hund inklusive etwaigen Zubehörs übergeben worden ist.

- Abschließend sollte vermerkt werden, dass jede Vertragspartei eine Ausfertigung des Kaufvertrages erhalten hat und in einer sogenannten **»Salvatorischen Klausel«** festgestellt werden, dass im Falle der Rechtswidrigkeit einer Vertragsbestimmung der Vertrag im Übrigen wirksam bleiben soll.

- Der Kaufvertrag endet mit der Angabe des **Orts** und des **Datums** des Vertragsabschlusses und den **Unterschriften** der Vertragsparteien.

Bei den vorgenannten Inhalten handelt es sich lediglich um die absoluten Mindestanforderungen, die an einen Hundekaufvertrag zu stellen sind. Natürlich können noch viele zusätzliche Inhalte vertraglich geregelt und – sofern erforderlich – durch die Vereinbarung angemessener Vertragsstrafen (zum Beispiel das Verbot der Abgabe des Hundes an Dritte oder gar an eine Tierversuchsanstalt) gesichert werden. Hier dürfte allerdings eine anwaltliche Beratung unerlässlich sein.

Um für etwaige spätere Rechtsstreitigkeit gut gewappnet zu sein, sollte bei den Vertragsverhandlungen mit dem Käufer möglichst immer ein unbeteiligter Zeuge zugegen sein. Dieser könnte im Streitfall auch bekunden, dass dem Käufer ausreichend Gelegenheit eingeräumt worden ist, auf die Formulierung der Vertragsinhalte Einfluss zu nehmen, auch wenn der Vertrag nicht im Einzelnen gemeinsam mit dem Käufer verfasst wurde.

Ratsam ist es auch, den zu verkaufenden Hund möglichst noch kurz vor der Übergabe an den Käufer tierärztlich untersuchen zu lassen und das tierärztliche Attest zum Vertragsinhalt zu machen.

Handelt es sich um einen Verbrauchsgüterkauf (vgl. Seite 52), können Sie die Mängelhaftungsansprüche des Käufers (mit Ausnahme des Schadenersatzes) nicht abweichend von der gesetzlichen Regelung des § 437 BGB vereinbaren. Außerdem bleibt es in der Regel bei der zweijährigen Verjährungsfrist für die Mängelansprüche des Käufers. Nur wenn der Hund als »gebraucht« angesehen werden kann, ist eine Verkürzung der Verjährungsfrist auf ein Jahr zulässig. Hiervon sollten Sie dann aber auch Gebrauch machen. Wenn Sie einen vielversprechenden Welpen verkaufen, der später zur Zucht zugelassen wird, können Sie beispielsweise auch einen Vorbehalt in den Vertrag mit aufnehmen, wonach Sie für Ihre Hündinnen einen Anspruch auf kostenlose Deckakte beziehungsweise auf einen Wurf in »Zuchtmiete« mit einem Rüden Ihrer Wahl haben. Derartige Vereinbarungen sollten aber stets mit einer Vertragsstrafe gekoppelt werden, weil Sie anderenfalls kein »Druckmittel« in der Hand haben, damit diese Vertragsklauseln auch tatsächlich eingehalten werden. Es empfiehlt sich auch hier eine entsprechende anwaltliche Beratung beziehungsweise Vertragsgestaltung.

Bei dem nachfolgend abgedruckten Muster handelt es sich um einen Hundekaufvertrag, der bei einem Kaufgeschäft zwischen Privatpersonen verwendet werden kann. Wenn Sie nicht als Hobbyzüchter einzustufen sind, müsste der Hundekaufvertrag dagegen die Besonderheiten des Verbrauchsgüterkaufs berücksichtigen. Hier empfiehlt es sich, einen entsprechenden Vertrag durch einen im Hunderecht erfahrenen Anwalt ausarbeiten zu lassen. Das folgende Vertragsmuster sollte daher nicht von jedem Züchter blindlings übernommen werden. Es kommt vielmehr stets auf seine Eigenschaft als Hobbyzüchter beziehungsweise Unternehmer an.

Abschließend wünsche ich Ihnen möglichst viele zufriedene Hundekäufer, die Ihren Hunden ein artgerechtes Zuhause bieten und ihnen all die Pflege und Zuwendung zukommen lassen, die sie benötigen, um gesund und »mängelfrei« zu bleiben.

Kaufvertrag

Zwischen

....
Name, Vorname, Adresse

– nachfolgend Verkäufer –

und

....
Name, Vorname, Adresse

..........................., Personalausweis-/Pass-Nr. : ....

– nachfolgend Käufer –

wird der folgende Kaufvertrag geschlossen:

§ 1
Vertragsgegenstand

(1) Der Verkäufer verkauft dem Käufer den Hund

Name: ....
Rasse: ....
Geburtsdatum: ....
Geschlecht: ....
Farbe: ....
Zuchtbuch-Nr.: ....
Chip-Nr.: ....
Zuchtzulassung: ....
Titel: ....

(2) Der Hund steht im Eigentum des Verkäufers und ist frei von Rechten Dritter.

(3) Der Käufer hatte vor der Übergabe Gelegenheit, den Hund eingehend in Augenschein zu nehmen und auf erkennbare Fehler zu überprüfen.

a) Der Käufer bestätigt mit seiner Unterschrift, dass an dem Hund keine Mängel ersichtlich waren.*

b) Der Käufer hat die folgenden Mängel an dem Hund festgestellt:*

....

....

(*Nichtzutreffendes ist gestrichen)

Der Verkäufer hat den Käufer darüber aufgeklärt, dass Mängelrügen wegen dieser Mängel später nicht gegenüber dem Verkäufer geltend gemacht werden können. Der Käufer bestätigt mit seiner Unterschrift die festgestellten Mängel und die Kenntnis, dass eine Mängelrüge wegen dieser Mängel nach der Übergabe des Hundes gemäß § 442 Abs. 1 BGB ausgeschlossen ist.

(4) Der Verkäufer erklärt seinerseits, dass ihm zum Zeitpunkt der Übergabe des Hundes an den Käufer keinerlei Krankheiten oder sonstige Mängel des Tieres bekannt sind, die einen Mängelhaftungsanspruch des Käufers gemäß § 437 BGB begründen könnten. Der Verkäufer übernimmt keine Garantie für eine bestimmte Beschaffenheit des Hundes. Eine Haftung wegen arglistiger Täuschung oder nach § 443 BGB ist daher ausgeschlossen.

§ 2
Kaufpreis / Zahlungsbedingungen / Eigentumsvorbehalt

(1) Der von dem Käufer zu zahlende Kaufpreis beträgt

.... Euro
(in Worten: .... Euro)

und ist fällig
a) bei Übergabe des Hundes.*
b) am ....*
(*Nichtzutreffendes ist gestrichen)

(2) Wird der Kaufpreis in Raten gezahlt, so behält sich der Verkäufer das Eigentum an dem Hund bis zur vollständigen Zahlung des Kaufpreises vor. Kommt der Käufer trotz Mahnung des Verkäufers in Verzug, ist der Verkäufer berechtigt, vom Kaufvertrag zurückzutreten und den Hund zurückzufordern. Der Käufer hat in diesem Fall den Hund unverzüglich an den Verkäufer herauszugeben. Der Verkäufer ist nicht verpflichtet, dem Käufer die bis dahin gezahlten Raten zu erstatten.

(3) Der Käufer erhält die Ahnentafel und den Impfpass des Hundes erst nach vollständiger Zahlung des Kaufpreises.

§ 3
Übergabe des Hundes

(1) Der Hund wird am .... an den Käufer übergeben. Bei vollständiger Zahlung des Kaufpreises erhält der Käufer zu diesem Termin die Ahnentafel und den Impfpass des Hundes ausgehändigt. Sollte das Zuchtbuchamt zum Übergabetermin die Ahnentafel noch nicht ausgestellt haben, erhält der Käufer sie von dem Verkäufer unverzüglich zugesandt, sobald sie diesem vorliegt.

(2) Der Hund wird gechipt, geimpft sowie entwurmt übergeben. Welpen werden von dem Verkäufer in der zweiten, vierten und sechsten Lebenswoche mit .... entwurmt.

(3) Die Wurfabnahme durch den zuständigen Zuchtwart erfolgte am .... Der Zuchtwart hat keinerlei Mängel an dem Hund festgestellt. Der Welpe verfügt über ein korrektes vollständiges Milchgebiss. Bei den Rüden sind beide Hoden vorhanden gewesen. Eine Kopie des Wurfabnahmeprotokolls ist dem Kaufvertrag als Anlage beigefügt.

§ 4
Haftungsausschluss

(1) Der Verkäufer ist kein Unternehmer im Sinne des § 14 BGB. Die Vorschriften über den Verbrauchsgüterkauf gemäß §§ 474 ff. BGB finden daher keine Anwendung.

(2) Ein Hund ist ein Lebewesen, das der ständigen Entwicklung unterliegt. Anders als Sachen sind Tiere mit individuellen Anlagen ausgestattet, woraus sich trotz sorgfältiger Zuchtauswahl unterschiedliche Risiken ergeben können. Der Verkäufer haftet deshalb nicht für den Fortbestand des bei Gefahrenübergang gegebenen Gesundheitszustandes und schließt eine Mängelhaftung vollständig aus.

§ 5
Schlussbestimmungen

(1) Die einzelnen Bestimmungen dieses Kaufvertrages sind zwischen den Vertragsparteien eingehend erörtert worden. Der Verkäufer hat den Käufer dabei über den Inhalt und die Tragweite der einzelnen Bestimmungen aufgeklärt. Dem Käufer wurde dabei das Recht und die Gelegenheit eingeräumt, von den hier niedergelegten Bestimmungen abweichende Vereinbarungen zu treffen. Von dieser Möglichkeit hat der Käufer

a) keinen Gebrauch gemacht;*
b) wie folgt Gebrauch gemacht:*

....

....

....

....

....

(*Nichtzutreffendes ist gestrichen)

(2) Nebenabreden, Ergänzungen, Abänderungen und die Aufhebung dieses Kaufvertrages bedürfen der Schriftform. Dies gilt auch für die Abbedingung des Schriftformerfordernisses.

(3) Jede Vertragspartei hat eine Ausfertigung dieses Kaufvertrags erhalten.

§ 6
Salvatorische Klausel

Sollte eine Regelung dieses Vertrages unwirksam oder undurchführbar sein oder werden, so berührt dies die Wirksamkeit des Kaufvertrages im Übrigen nicht. Die Vertragsparteien verpflichten sich vielmehr, in einem derartigen Fall eine wirksame und durchführbare Bestimmung an die Stelle der unwirksamen und undurchführbaren Bestimmung zu setzen, die den wirtschaftlichen und ideellen Bestimmungen innerhalb der gesetzlichen Grenzen soweit wie möglich entspricht.

...., den ....

....
(Verkäufer) (Käufer)

Index